Sabine Weick

Jung, männlich, vegan

Warum junge Männer zu Veganern werden

Eine essbiografische Fallstudie

Sabine Weick

JUNG, MÄNNLICH, VEGAN

Warum junge Männer zu Veganern werden

Eine essbiografische Fallstudie

ibidem-Verlag
Stuttgart

Bibliografische Information der Deutschen Nationalbibliothek
Die Deutsche Nationalbibliothek verzeichnet diese Publikation in der Deutschen Nationalbibliografie; detaillierte bibliografische Daten sind im Internet über http://dnb.d-nb.de abrufbar.

Bibliographic information published by the Deutsche Nationalbibliothek
Die Deutsche Nationalbibliothek lists this publication in the Deutsche Nationalbibliografie; detailed bibliographic data are available in the Internet at http://dnb.d-nb.de.

∞

Gedruckt auf alterungsbeständigem, säurefreien Papier
Printed on acid-free paper

ISBN-13: 978-3-8382-0460-4

Printed in Germany

Inhaltsverzeichnis

Darstellungsverzeichnis

Abkürzungsverzeichnis

BSE	bovine spongiforme Enzephalopathie
PETA	People for the Ethical Treatment of Animals
SOEP	sozio-oekonomisches Panel des deutschen Wirtschaftsforschungsinstituts
TiRS	Tierrechtsinitiative Region Stuttgart

„Moralische Bedenken gegen Kalbsbraten? Von Seiten der Erzieher nicht. Von Seiten der Jurisprudenz nicht. Von Seiten der Moraltheologie nicht. Von tausend anderen moralischen Seiten nicht. Von der des Kalbes vielleicht?“

Dr. phil. Karlheinz Deschner

1. Einleitung

Im Vorwort zu dem Buch „Vegan“ von Kath Clements steht geschrieben, dass *„Menschen selten plötzlich zu Veganern“* werden und meist ein Entwicklungsprozess ablaufe, der über Jahre oder Jahrzehnte andauern könne, sowie über ganz unterschiedliche Zugänge erfolge. Je nachdem, ob die Motive gesundheitlicher, religiöser, ökonomischer, ökologischer, politischer oder ethisch-moralischer Natur sind, gehe dem Veganismus eine Beschäftigung mit Themen wie der Vollwert-Ernährung oder einer liberalen Gesellschaftsauffassung voraus (Clements 1996: 7). Aus eigener Erfahrung kann ich sagen, dass ‚der Veganer' nicht existiert. Veganismus zieht sich durch alle Altersschichten, ist unterschiedlichen Ursprungs, ist bei Männern und Frauen zu finden und wird in ganz vielfältigen Ausprägungen praktiziert. Der Veganismus kann eine Ernährungsweise, eine Lebensweise und eine Weltanschauung darstellen, er kann offen kommuniziert und propagiert oder als persönliche Entscheidung für sich selbst ausgeübt werden. Entsprechend differenziert sind auch die biografischen Verläufe zu erwarten. Diesbezüglich wird über die biografische Arbeit mit jungen, männlichen Veganern eine Fallstudie durchgeführt. Hier sollen ein einheitlicher kultureller und historischer Hintergrund, gleiches Geschlecht und ähnliches Alter präzisere Einblicke ermöglichen und Erklärungsversuche dazu liefern, wie es zu einer Ernährungsweise kommen kann, die tierische Lebensmittel ausschließt.

1.1 Veganismus

Veganismus wird im Duden definiert als *„strenger Vegetarismus, dessen Anhänger auf tierische Produkte in jeder Form verzichten“* (Duden 1997: 841). Veganismus bedeutet nach Torres und Torres, tierische Produkte, soweit es nur möglich ist, zu vermeiden, nicht aus der Überzeugung heraus, persönliche Reinheit zu erlangen, sondern um als ethischer Veganer die eigene Politik jeden Tag zu leben – als Form des Protestes gegenüber einer Nutzung und Ausbeutung von Tieren für die menschlichen Gelüste. Für viele Veganer ist diese Lebensweise Ausdruck ihres Ärgers über die fortlaufenden und immer wiederkehrenden Ungerechtigkeiten durch die Industrien und über Praktiken, die Tiere ausbeuten. Durch die Weigerung, tierische Produkte zu sich zu nehmen, soll eine Welt aufgezeigt werden, in der Veganer leben wollen. Gewalt soll nicht in ihrem Namen geschehen und Macht nicht vor Recht gelten (Torres/Torres 2010: 10).

Vegan zu sein bedeutet dabei, die psychologische Barriere zwischen dem styroporverpackten Fleisch im Supermarkt und dem Tier, von dem es kommt, zu überwinden. Es ist wichtig, ehrlich zu sich selbst zu sein bei der Frage, wie die Tiere in unserer Gesellschaft behandelt werden und sich, soweit es möglich ist, aus diesem System der Ausbeutung herauszunehmen. Der Veganismus steht dafür, gelebten Protest zu leisten und für eine Welt einzustehen, in der man leben möchte. Die Durchbrechung der Routine erinnert Menschen laut Torres und Torres daran, dass es nicht richtig ist, wie Tiere von Menschen behandelt werden. Manchmal erfordert der vegane Lebensstil auch, Mut zu zeigen in einer *„Welt der Feiglinge“* (Torres/Torres 2010: 11).

Veganer sind unterschiedlichen Milieus zuzuordnen. Unter ihnen finden sich Männer und Frauen unterschiedlicher Altersklassen, verschiedener Nationalitäten und Religionszugehörigkeiten sowie Atheisten. Vegane Gruppen bilden sich zudem vor verschiedenen historischen Hintergründen aus. 1944 kommt es zur Gründung der Vegan Society, welche den Begriff *‚vegan'* prägt. Es gibt Ansätze von Feministinnen, die sich gegen Unterdrückung und Einverleibung aussprechen (Adams 2000) oder die der Hippie-Bewegung der 1970er Jahre, die für ihre Naturliebe und eine pazifistische Haltung bekannt ist. Literaturquellen berichten, dass besonders vor dem Hintergrund des Zweiten Weltkrieges viele Juden zu Vegetariern und Veganern wurden, als sie die Industrialisierung des Tötens durchschauten (Patterson 2004). Religiosität und Spiritualität spielen beispielsweise im Hinduismus oder im Jainismus eine wesentliche Rolle, während bei Rohköstlern häufig ein hohes Gesundheitsbewusstsein eine vegane Ernährung bedingt. Einem ganz anderen Milieu sind Tierrechtler zuzuordnen, deren antispeziesistischen Werte zum Veganismus führen (Singer 1996). Seit den 1980er Jahren hat sich wiederum die Straight-

Edge-Bewegung aus der Hardcore-Musikszene der Punks entwickelt (Haenfler 2004).
All diese Milieus sind durch das vermehrte Auftreten einer vegetarischen bzw. veganen Ernährungsweise gekennzeichnet. Darüber hinaus finden sich immer auch individuelle Veganer, die keiner Gruppe zugeordnet werden können (Umwelt, Welternährung, Moral, Konsumverzicht).
Diese Studie zeigt daher ein Modell auf, das die biografischen Wege zum Veganismus erklärt und auch bei heterogenen Lebensweltbedingungen schematisch zutrifft.

1.2 Ziele der Arbeit

Die Motive einer veganen Ernährung sind relativ einfach zu erfragen und beziehen sich häufig auf ethisch-moralische, politische, ökologische, gesundheitliche, religiöse oder soziale Aspekte (Grube 2009a: 121). Interessanter und weitaus schwieriger ist die Frage zu beantworten, wie es dazu kommt, dass altruistische Werthaltungen ausgebildet werden und in konsequenter Form über die Ernährungsweise praktiziert werden, obwohl die heutige Gesellschaft demgegenüber noch viele hinderliche Strukturen aufweist.
Im ersten Abschnitt wird daher auf das Individuum in der Gesellschaft eingegangen und die Rolle der Nahrungsmittel darin aufgezeigt. Im zweiten und dritten Abschnitt werden Prägungsmöglichkeiten für eine vegane Lebensweise im Lebensverlauf eines Menschen deutlicher gemacht. Die Skizzierung des veganen Werdeganges anhand eines Modells im vierten Teil der Arbeit soll als Grundlage für eine empirische Untersuchung dienen. Im fünften Abschnitt wird mit der Einführung in die Biografieforschung und -arbeit die Vorstellung der Methodik für die folgende essbiografische Fallstudie des praktischen Teils vorgenommen. Die gewählte Zielgruppe für die Fallstudie im sechsten Teil sind junge vegane Männer, die aus dem westlichen Kontext stammen. Diese stellen laut Studien den Mainstream unter den Veganern im jungen Erwachsenenalter dar und bringen in mehrfacher Hinsicht Potenzial für eine vegane Lebensweise mit sich (Becvar/Radojicic 2008: 119ff; Grube 2009a: 109f). Die Kombinationen von Mikro-, Makro- und Mesostrukturen, die förderlich für eine vegane Lebensweise sind, werden in Hypothesen abgebildet. Sich anschließende narrative Interviews und Übungen mit den vier jungen veganen Männern sollen daraufhin untersucht werden. Die dazu benutz-

te Methode der Biografiearbeit scheint zunächst auf die Zukunft gerichtet zu sein und erklärt, woraus sich Ressourcen und Möglichkeiten für den Menschen ableiten lassen (Ruhe 2009: 10). Im Verlauf dieser Studie soll jedoch die Wahrnehmung der Vergangenheit den Schwerpunkt bilden und zu einem besseren Verständnis, einigen Erklärungsansätzen und Deutungsmöglichkeiten führen. Abschließend werden in der Diskussion der Ergebnisse die Unterschiede, Besonderheiten und typischen Merkmale der Zielgruppe in den Blickpunkt gerückt, um besser verständlich zu machen, vor welchem biografischen Hintergrund die Interviewteilnehmer zu Veganern werden. Wesentliche Punkte des allgemeinen Modells werden auf ihre Passgenauigkeit hin überprüft und um Spezifika der Zielgruppe ergänzt. Es soll herausgearbeitet werden, welche Denkmuster und Erfahrungen junge Männer zu einer veganen Ernährungsweise führen. Weiterhin kann durch die Aufschlüsselung und Untersuchung von Zusammenhängen ein Verständnis für eine noch relativ unkonventionelle Ernährungsform geschaffen werden. Verstanden werden sollen die Person selbst, wie auch der Zusammenhang ihres lebensweltlichen Umstandes, ihres Lebensverlaufes und ihrer gesellschaftlichen wie kulturellen Eingliederung (Methfessel 2003: 35).

Ziel ist es, essbiografisch individuelle Lebenslinien in die sozialen und kulturellen Entwicklungslinien zu integrieren und fassbar zu machen. ‚Jung, männlich, vegan. Wie kommt das?' lautet die Fragestellung. Diese soll über eine qualitative, essbiografische Untersuchung beantwortet werden.

"Jede neue Wahrheit beginnt als Anachronismus; sie wird erst langsam wahr. Es braucht immer eine gewisse Zeit, bis ihre Tiefe heraufsteigt, nach oben kommt und sichtbar, das heißt: oberflächlich wird."

Egon Friedell

2. Die Formung des Ernährungsverhaltens

Annahmen, welche den Werdegang bis zur Adoleszenz als tragfähige Basis für die Identitätsbildung und für die Biografie im weiteren Leben ansehen, weisen Lücken auf. In einer berechenbaren Ordnung linearer Entwicklungsverläufe kommen moderne Prozesse der Individualisierung, Pluralisierung oder Globalisierung zu kurz (Keupp 2008: 294). Diese und unzählige Möglichkeiten, die eigenen Ess- und Ernährungsgewohnheiten zu gestalten, prägen die Zeit des 20. Jahrhunderts. Auf der Suche nach dem Sinn im Leben, Orientierungsstrukturen und einer persönlichen Position in der Gesellschaft ist es wichtig, im eigenen Lebensverlauf einen Blick zurück zu werfen. Vergangenes und Erlebtes prägen das aktuelle Ernährungsverhalten und die Einstellungen zu bestimmten Nahrungsmitteln.

2.1 Gesellschaft im Wandel

Im Zusammenhang mit dem gesellschaftlichen Wandel, der Abkehr von Normalbiografien und traditionellen sozialen Sicherungssystemen kann man von einer Krise sprechen. Es entwickelt sich die Suche nach der eigenen Identität, der Drang zur Verantwortungsübernahme und selbstständigem Entscheiden. Daher muss der Mensch in mehrfacher Hinsicht originell sein, um die angestrebte Anerkennung und seinen Platz in der Gesellschaft zu finden (Eberlein 2006: 128).

Kollektive Identitäten verlieren in der heutigen modernen Gesellschaft an Bedeutung. Mit einem romantischen Individualismus wird der Versuch gestartet, sich zu verwirklichen, einen Sinn in der eigenen Lebensgestaltung zu sehen und schließlich einen Kompensationsversuch zur fortschreitenden Differenzierung und fehlenden Identitätszuweisung zu schaffen. Auf der anderen Seite gibt es immer auch das Bedürfnis, dazugehören zu wollen (Eberlein 2006: 130ff). Die Suche nach Konformität, stabilen Strukturen und Übersichtlichkeit kann wohl in ‚veganen Kreisen' durch die nur geringe Anzahl von Veganern in der Gesellschaft gewährleistet werden. Die soziale Zugehörigkeit in selbst gewählter Gruppenbildung und die damit erreichte Ähnlichkeit trotz bewusster gesellschaftlicher Abgrenzung sind Anzeichen dafür, dass der Mensch nach einer Bestätigung verlangt (Eberlein 2006: 137).

Rosken beschreibt in ihren Ausführungen den Begriff ‚Diversity' als postmoderne gesellschaftliche Heterogenität. Diese Verschiedenheit muss durch das Individuum gehandhabt werden können, und die Schwierigkeit besteht darin, dass sich diese Vielfalt auf alle Ebenen erstreckt. Unterschiede, Abweichungen von der Norm und daraus resultierende Ausgrenzungen von Minoritäten oder spezifischen Gruppen prägen den Begriff in der Geschlechter- und Rassenforschung (Rosken 2009: 22f). Sie stellen aber auch für den Veganismus einen interessanten Aspekt dar, der sich mit Identität und Wirkung beschäftigt.

Die Dimensionen, welche Unterschiede und Gemeinsamkeiten mit der Persönlichkeit anderer Menschen und der Gesellschaft deutlich machen, reichen vom Arbeitsumfeld über Religion und Weltanschauung bis hin zur sozialen oder nationalen Herkunft, dem Geschlecht oder Alter (Rosken 2009: 27f).

2.1.1 Bedeutungsänderung von Nahrungsmitteln

Bis in die heutige Zeit bleibt das Essverhalten an historisch überlieferte Faktoren gekoppelt oder wird zumindest durch sie beeinflusst. Die Kultur prägt Mahlzeitenrhythmen, Sparsamkeit, die Saisonalität des Geschmacks, Speisen für Festtage, bestimmte soziale Schichten, Zuteilungen von Hierarchien und den hohen Stellenwert von Fleisch und tierischen Produkten. Das individuelle Essverhalten entwickelt sich in diesem gesellschaftlichen Rahmen. Durch die neuen Möglichkeiten, die vielfältigen Angebote der Ernährungsindustrie, den Wertepluralismus und die Medieneinflüsse wird die Frage nach dem ‚Warum essen wir gerade so?' immer komplexer (Pudel/Westenhöfer 2003: 36f).

Die Aufgabe des ‚Suchens und Findens' wandelt sich in die Aufgabe des ‚Entscheidens'. Die Überflussgesellschaft ist ein relativ neues Phänomen und die Menschen haben noch nicht ausreichend Erfahrung im Umgang mit der Nahrungsmittelauswahl, die ihnen vollständig selbst überlassen wird. Fortwährende Verfügbarkeit aller Nahrungsmittel und abnehmende hierarchische Strukturen erweitern die Auswahlmöglichkeiten. Die traditionelle Ernährungserziehung war darauf aufgerichtet, unter schlechten Bedingungen möglichst viel zu konsumieren und sozial anerkannte Speisen, die einen hohen Status versprechen, bevorzugt auszuwählen. Heute dagegen tragen Forschung und Aufklärung einen großen Anteil zum Ernährungs- und Essverhalten bei. Sie geben Anhaltspunkte, die zur Abwägung der täglichen Nahrungsmittel genutzt werden (Pudel/Westenhöfer 2003: 49).

Gerade für die jüngeren Generationen ist es nötig, sich mehr mit der eigenen Ernährung auseinanderzusetzen, um im komplexen Ernährungssystem nicht den Überblick zu verlieren.

„Ich lebe innerhalb einer Gesellschaftsform, die es mir ermöglicht, Entscheidungen bezüglich meiner Ernährung zu treffen... Zum Zweiten lebe ich in einer Gesellschaftsform, die sich nach Profit maximierenden Kriterien ausrichtet... Dies birgt für mich die Verantwortung, Widerspruch gegen diese Praxis einzulegen." (Veganer, männlich, 30 Jahre) (Grube 2009b: 47)

Mit der Erkenntnis über die Grenzen des Wachstums, den immer neuen Technologien und den gestiegenen Verantwortlichkeiten gegenüber Umwelt und Gesellschaft verschiebt sich auch die Wertestruktur innerhalb der Gesellschaft. Materielle Werte weichen zunehmend immateriellen Werten (Schupp 1995: 109). Tradition, Nützlichkeit und Vernunft weichen langsam einem Bewusstsein, das Empathie, persönliche Beteiligung und emotionale Identifizierung zur Grundlage hat (Rifkin 2010: 344).

„Doch nicht allein Mitleid mit den Tieren bringt Menschen dem Veganismus nahe: Veganismus ist die Folge einer konsequenten und beharrlichen Auseinandersetzung mit Menschenrechten und den Rechten der Tiere, mit Umweltschutz und den Ernährungsproblemen der Welt." (Clements 1996: 10)

Kulturell und geschichtlich verankerte gesellschaftliche Einstellungen gegenüber Tieren beeinflussen bis heute das Meinungs- und Verhaltensbild der Menschen. Die Politik liefert dazu die Rahmenbedingungen. So spricht die Tatsache für sich, dass der Tierschutz erst im Jahre 2002 ins deutsche Grundgesetz aufgenommen wurde (GG Art. 20a). Es verwundert nicht, dass Vegetarier und Veganer mit ihrer Ernährungsform einen enormen Balanceakt zu vollziehen haben, um ihre individuelle Entscheidung sozial akzeptabel rechtfertigen zu können. *„Wenn es falsch wäre, wäre es doch verboten."* (Veganer, 32 Jahre) Noch immer herrschen typische Abwehrmechanismen und Orientierungen in der Gesellschaft vor (Grube 2009b: 187).

Am Beispiel Fleisch kann ein besonders extremer Bedeutungswandel aufgezeigt werden. Bereits zu Zeiten der Steinzeitmenschen kommt es zu Kämpfen um Fleisch, und eine Geschlechter- und Hierarchieordnung in kulinarischer Hinsicht ist die Folge. Die Funktion der Tiere als anbetungswürdige Wesen, als Nahrungsmittelgrundlage, als Nutztiere, bis hin zum alltäglichen Konsumgut, wandelt sich mit der Zeit. Fleischverzehr kann Besitz oder Potenz assoziieren, Wohlstand und Status ausdrücken, als ‚Herrenspeise' Geschlechteridentität vermitteln, Macht über Frauen demonstrieren oder soll die körperliche Leistungsfähigkeit verbessern. Mit der industrialisierten Fleischproduktion wird Fleisch zum skandalträchtigen Massenartikel. Mit der besseren Verfügbarkeit vegetarischer Alternativen und Vorbilder sowie exotischer Nahrungsmittel und neuen Erkenntnissen zur Gesundheitsförderung verliert Fleisch zunehmend an Bedeutung (Mellinger 2004: 26ff).

Daran wird deutlich: Die Nahrungsaufnahme stellt eine Kommunikationsabsicht dar und hat einen sozialeffektiven Charakter. Die größeren Spielräume innerhalb biologischer Abhängigkeiten führen zu einer stärkeren kulturellen Ausdifferenzierung der Essgewohnheiten. An die Stelle ursprünglicher Nahrungsinstinkte treten kulturell oder gesellschaftlich vermittelte Nahrungsbedürfnisse, die abhängig sind von Beziehungen, Netzwerken und individuellen Handlungsabsichten (Teuteberg 1995: 324). Doch nicht nur der historische Wandel verändert Bedeutungen. Auch innerhalb eines Lebensverlaufes werden Nahrungsmitteln verschiedene Aufgaben zuteil. Menschen erleben im biografischen Zeitverlauf einen Bezugswandel. In der Kindheit sind Eltern richtungweisende Größen, in der Jugend gewinnen die sogenannten ‚Peergroups', die Gleichaltrigen, an Bedeutung. Freiräume werden genutzt, Neues ausgetestet, Abgrenzungen geschaffen und Gemeinschaften gebildet (Rößler-Hartmann 2003a: 48).

Verhaltensempfehlungen, die heute von Medien, Wissenschaftlern, Ernährungsexperten, Verbraucherbewegungen oder der Nahrungsmittelindustrie ausgehen, verwirren die Menschen, führen zur Destabilisierung, aber auch zur zunehmenden Reflexivität im Umgang mit Nahrungsmitteln. *„Je weiter die Reflexivität voranschreitet, desto mehr Überzeugungen in Bezug auf Ernährung muss das Individuum erlangen und erhärten, damit sein Alltag nicht zu einer Hölle der mentalen Erschöpfung und Zerrüttung wird.“* (Kaufmann 2005: 29)

2.1.2 Nahrungsmittel in der heutigen Gesellschaft

In der heutigen Esskultur werden Rhythmen und Bindungen zunehmend zugunsten von lockeren Essenszeiten und vielfältigem, exotischem Warenangebot aufgegeben. Trotzdem sind bestimmte Ernährungsgewohnheiten wie etwa ein hoher Fleischverzehr, speziell der von rotem Fleisch, noch den Männern zugeschrieben, Gemüsemahlzeiten und gesundheitsbewusstes Verhalten eher den Frauen (Astleithner 2007: 151).

Die zur Ernährung von Menschen genutzten Tiere und Pflanzen sind einerseits Teil der Natur, transportieren Nährstoffe in den Körper und erhalten am Leben. Daher gilt Nahrung als Treibstoff für den Körper, als Antriebskraft. Die rein funktionale Betrachtung des Körpers als Maschine greift jedoch zu kurz. Die Nahrung ist auch als Gut aufzufassen, das über Märkte verkauft und gehandelt wird. Zahlreiche und langwierige Prozesse sind an der Entstehung und der Verteilung beteiligt. Genau aus diesem Grund ist es möglich, Nahrungsmittel als Waffe zu nutzen. Sowohl in sozialer Hinsicht als auch in ökonomischer Hinsicht. Wird jemandem der Zugang zu bestimmten Nahrungsmitteln versagt, drückt das Macht aus. Aber auch die Weigerung, an einem System teilzunehmen, beispielsweise durch Kaufboykotte, zeigt Macht auf (Jacobsen 2004: 59).

Eine vegane Lebensanschauung beachtet diese Strukturen kritisch. *„Anders als bei Leibeigenen, die sich die Freiheit erkämpften, nur um am Luxus ihrer Herren teilzuhaben, sollten wir uns von jenen Denkmustern freimachen, die uns durch clevere Vermarktung vorgeben, welche Kleidung wir tragen, was wir trinken und was wir essen sollen.“* (Clements 1996: 88) Dadurch, dass sich der neue Verbraucherbegriff langsam wandelt – von einem zu schützenden und unwissenden Konsumenten hin zu einem souveränen und mitverantwortlichen Verbraucherbürger – oder diesen neuen Aspekt zumindest zu integrieren versucht, wird eine Entwicklung gefördert, die den Veganismus als eine aktive Macht des Konsumenten ansieht.

Das System kann durch den Konsumenten genutzt werden. Er kann für Händler einen lukrativeren Absatzmarkt aufzeigen, indem der Konsument ganz gezielt bestimmte Produkte nachfragt. Es werden Anreize zu einem alternativen Sortiment gegeben. Nahrung wird zum Kulturgut. Die soziale Dimension reguliert und erzeugt Kategorien, innerhalb derer wir unsere Nahrung wählen und bewerten. Sie schafft individuelle und gemeinschaftliche Identitäten (Jacobsen 2004: 62).

Das Nahrungsmittel als kulturschaffende Komponente weist aber immer noch Hierarchien, Macht und Einfluss oder Abgrenzungen in einer Gesellschaft auf. Durch den sozialen, symbolischen und moralischen Charakter der Lebensmittel werden deutliche Unterschiede zwischen den anderen und uns sowie zwischen Vergangenheit und Gegenwart aufgezeigt. Produzenten und Händler greifen diese identitätsstiftende Wirkung der Nahrung auf und vermarkten sie entsprechend (Jacobsen 2004: 70). Somit ist auch der Ernährungsstil *„eine besondere Form soziokultureller Reproduktion aufgrund subjektiver Erfahrungen, Wertungen und Bedürfnisstrukturen (...), über den materiellen Aspekt der Ernährung [hinaus.]"* (Teuteberg 1995: 324) Doch egal, wie ‚normal' ein Veganer sich sonst auch kleidet und verhält, er wird in einer Welt, in der es normal ist, tierische Produkte zu konsumieren, immer als *„Freak"* angesehen, da er sich weigert, an dem täglichen Konsumprozess teilzunehmen, der in jedermanns Leben, unserer Kultur und Identitätszuweisung von zentraler Bedeutung ist (Torres/Torres 2010: 8).

Die Veränderungen in der Gesellschaft und ihrer Einstellung in Bezug auf die Ernährungskultur lassen sich nach Pudel und Westenhöfer in vier Tendenzen beschreiben (2003: 50). Jüngere Generationen, die keine Lebensmittelknappheit miterleben mussten, die die existenzielle Bedeutung von Nahrung und die unmittelbaren Zusammenhänge der Prozesskette nicht kennengelernt haben, verlieren häufig die Wertschätzung für Nahrungsmittel. Lebensmittel verlieren ihre Identität und sind mit ihrer ubiquitären und andauernden Verfügbarkeit sowie mit ihrer Verpackung und der Werbestrategie nur ein kleiner Bereich des täglichen Konsumangebotes. Lebensmittel in ihrer käuflichen Form stehen in keiner Beziehung mehr zur originären Herkunft. Die Kenntnis über Produktionsprozesse geht verloren. Die Nahrungsmittel in den bunten Verpackungen, mit neuer Form oder optimiertem Geschmack, lassen nur wenig Verbindungen zum ‚Rohstoff' zu. Emotionale Beziehungen zu Mahlzeiten, gemeinsame Erlebnisse mit Ernährung oder Familie gehen immer weiter zurück. Der Außer-Haus-Verzehr, neue flexible Mahlzeitenmuster, die Auflösung der klassischen Familienmahlzeit und der Rituale in der Speisenzubereitung sowie die Einflüsse ganz neuer Küchen (italienisch, türkisch, afrikanisch, indisch) entwurzeln das Essverhalten (Pudel/Westenhöfer 2003:

59). Diese Tendenzen regen an, einige Überlegungen zur biografischen Formung des Veganismus anzustellen.

"Gedankenlosigkeit tötet. Andere."

Stanisław Jerzy Leç

2.2 Ernährungs- und Esskultur

Esskultur umfasst die materielle Ebene, also die der Dinge oder Nahrungsmittel, die immaterielle Ebene, also die der Gedanken oder Gefühle, sowie die Nahrungsmittelauswahl. Dabei sind religiöse Verbote, Tabus, Gewohnheiten, Bewertungen, Trends, Peergroups, Alltag oder Status ausschlaggebend. Die ‚Küche' vermittelt die Zubereitung, Kombination und Verarbeitung bestimmter Lebensmittel, ‚Mahlzeiten' machen Gemeinschaft deutlich, schaffen Integration, Rhythmus, Abgrenzung, soziale Beziehungen oder Tischsitten. Die Vorstellungen vom ‚richtigen Essen' werden von der jeweiligen Bildung, dem Status, dem Wissen, der Werthaltung, aber auch von Geschlechterunterschieden bestimmt (Methfessel 2004: 7f).
Die Ernährungsform bildet sich innerhalb der Esskultur aus, worauf im folgenden Abschnitt eingegangen wird.

2.2.1 Phasen der Sozialisation

Der Sozialisationsprozess und die dabei entstehenden Überzeugungen können in mehreren Phasen erfolgen. Beginnend in Kindheit und Jugend wird der Mensch in einer *passiven Sozialisation* durch andere geformt und bildet seine Grundstruktur aus. In der nächsten Phase, der *bilateralen Phase*, setzt sich das Individuum mit Normen, Werten und Verhaltensgewohnheiten seiner Umwelt auseinander. Dabei kommt es zum Austausch, zur Übernahme und gegenseitigen Formung. Die *autonome Phase* schließlich befasst sich mit der Ausbildung einer eigenen Identität, der Persönlichkeit des Individuums, die durch die Formung und Gestaltung des Selbst erreicht werden soll. Diese Prozesse bauen aufeinander auf. Sofern Menschen in ihrem Ernährungsverhalten nicht über die passive Phase der Sozialisierung hinausgehen, weil sie zu sehr von Tradition und Gewohnheit gelenkt werden, halten sie an den üblichen Mustern fest. Durch die pluralistische Gesellschaft, Wohnortwechsel, Mobilität und starke Medieneinflüsse, werden Traditionen allerdings andauernd untergraben und infrage gestellt. Lebenssituationen ändern sich häufiger und das Festhalten an Gewohnheiten wird schwieriger. Man wird daher vor die Wahl gestellt, sich gesellschaftlichen und kulturellen Ernährungsformen anzupassen oder sich mit ihnen kritisch auseinanderzusetzen. Dies entspricht der bilateralen Phase. Auseinandersetzungen können beispielsweise auch entstehen, wenn Jugendliche über Peergroups neue Erfahrungen machen (Neuloh/Teuteberg 1979: 83).

Im Übergang zur bilateralen und autonomen Phase wirken sich Ernährungsberatung, Massenmedien oder selbst angeeignetes Ernährungswissen auf das Überdenken der Wertvorstellungen aus. Die Ernährungskommunikation, sei es verbal über Eltern, Gleichaltrige, Medien oder über erlebte, visuelle, physische Situationen, die Gefühle ansprechen, ist also Voraussetzung für die Sozialisation. Indirekte Sozialisationsfaktoren besitzen keine Rückkopplungsmöglichkeiten und dienen vielmehr als Anregung eigener Denkprozesse und Reflexionen, gerade für die breitere Masse (Neuloh/Teuteberg 1979: 84).

In den daraus resultierenden Handlungsmustern und Ernährungsstilen kommen die verfügbaren Ressourcen, die vorgegebene Lebenslage und die individuellen Persönlichkeitsmerkmale zum Ausdruck. Die Ressourcen werden beeinflusst von der Herkunft, der sozialen Schicht oder Bildung und verleihen dem Menschen Kompetenz in der Bewältigung verschiedener Situationen. Die Lebenslage ist bestimmt durch das Alter, das Geschlecht, den Wohnort, die Familie, den Beruf oder sonstige für eine gewisse Zeit stabile Parameter (Häußler 2002: 130). Durch Nahrungsmittel und Ernährungsstile wird Zugehörigkeit vermittelt. Nicht nur eine gemeinsame Mahlzeit mit Menschen, die einem nahestehen, sondern auch eine gleiche Ernährungsweise drückt gemeinsame soziale Strukturen aus. Familien, Beziehungen, Freundschaften oder Wohngemeinschaften zeichnen sich oft durch dieselbe praktizierte oder angepasste Lebensmittelauswahl aus (Häußler 2002: 132). Studien zeigen, dass Kinder Nahrungsmittel bevorzugen, die sich auch ihre Vorbilder oder Helden aussuchen. Diese Vorbilder ändern sich im Laufe der Zeit, es können Eltern, fiktive Helden oder Gleichaltrige sein (Rozin 1996: 250).

Bei einer veganen Ernährung sind eher Zugehörigkeiten zu Peergroups oder Online-Communities zu vermuten, da die philosophische Weltanschauung und die Wertschätzung von Tieren in unserer westlichen Welt nicht der üblichen kulturellen Sozialisation entsprechen. Trends, Moden, Musik und Medien tragen ihren Teil dazu bei, dass bestimmte Werthaltungen vermittelt und ganz bestimmten Gruppen zugeschrieben werden. Ernährungsstile werden immer vor dem Hintergrund eines Lebensstils ausgebildet. Gerade alternative Ernährungsweisen, die sich bewusst über eine traditionell und kulturell überlieferte ‚normale' Ernährungsform hinwegsetzen, sind als ganzheitliche Philosophie zu verstehen (Häußler 2002: 129). Veganismus, auch als strenger Vegetarismus bezeichnet, grenzt sich von einer konventionellen Ernährung weit mehr ab, als der bloße Vegetarismus.

Nahrungsmittel und Ernährungsweisen haben also weiterhin die Funktion, sich von anderen, seien es Gruppen, Personen oder Systemen, abzugrenzen. Mit der Weigerung, bestimmte Nahrungsmittel zu essen, grenzen sich schon Kinder von ihren Eltern ab und lösen sich von überlieferten Traditionen. Individuen lösen sich vom Mainstream der Gesellschaft (Häußler 2002: 131).

Nicht selten ist eine Art von Konsumverzicht oder selektive Auslese als Kritik der Industrialisierung oder als gesellschaftlich praktizierte Normvorstellung zu verstehen. Auch Übergänge von der Kindheit zur Jugend oder vom Jugendlichen zum Erwachsenen stellen wichtige Differenzierungsphasen dar und sind häufig besetzt mit Ritualen, Aufnahmepraktiken oder emotionalen Veränderungen. Da die Ernährung als alltägliches Handlungsfeld und Ausdrucksform hierarchischer Strukturen und Identitäten zu verstehen ist, bietet das Ernährungshandeln eine gesellschaftlich beachtete Plattform, um Übergänge symbolisch sichtbar zu machen. Beispiele sind Diäten von jungen Mädchen oder Alkoholexzesse männlicher Jugendlicher (Jacobsen 2004: 67; Brunner 2007: 123).

Auch der Veganismus eignet sich hierfür als gutes Beispiel. Berichte von Veganern bringen immer wieder zum Ausdruck, dass Eltern oder Bekannte besorgt sind, wenn man auf tierische Produkte verzichtet. Eine Verweigerung kann durchaus als Rebellion begriffen werden und regt zu Diskussionen an. Kulturell überlieferte Vorstellungen setzen sich in Glaubenssätzen durch, die Veganern Nährstoff- und Eiweißmangel sowie den baldigen Tod prophezeien. Blutwerte und ärztliche Meinungen sollen das nur spärlich vorhandene Ernährungswissen mancher besorgter Eltern untermauern – die Bewahrheitung werde sich schon im Laufe der Jahre durch das unumgängliche Abmagern ganz offensichtlich zeigen (Grube 2009b: 71f). Die andauernde Konfrontation mit solchen Glaubenssätzen und die fehlende Akzeptanz lassen den Schluss zu, dass sich Veganer ständig neu beweisen müssen. Bis heute herrscht die Überzeugung: *„Wenn ich kein Fleisch esse, dann fehlt mir irgendetwas“* (Grube 2009b: 81).

2.2.2 Prägende Faktoren im Leben

Wissenschaftler wie Laien vertreten häufig die Meinung, dass uns die Kindheit bis ins Erwachsenenalter prägt und unsere Persönlichkeit formt. Darunter fällt die Erziehung durch die Eltern genauso wie die kulturelle Prägung in Kindergarten und Schule. In der Psyche des Menschen bilden sich Stereotypen aus. In der Kindheit werden Beziehungen zu Verwandten aufgebaut und der Selbstsinn entsteht. Dieser ist jedoch nicht endgültig unveränderlich und nicht nur durch die Kindheit bestimmt, sondern mit der gesamten Umwelt verbunden. Das gleiche Ausbildungs- und Sozialisationssystem in frühen Jahren führt nicht zur gleichen Persönlichkeitsentwicklung im Erwachsenenalter. Wer man ist und zu wem man wird, bestimmt, welches Essen das richtige für einen ist (Chiva 2002: 95).

Darstellung 1 zeigt, wie vielfältig die einzelnen Aspekte im Zeitverlauf, innerhalb einer Kultur und durch die eigene Persönlichkeit sind, welche die Nahrungsmittelwahl prägen. Bedeutungen sind abhängig von Geschlecht, Alter oder Lebenszusammenhang.

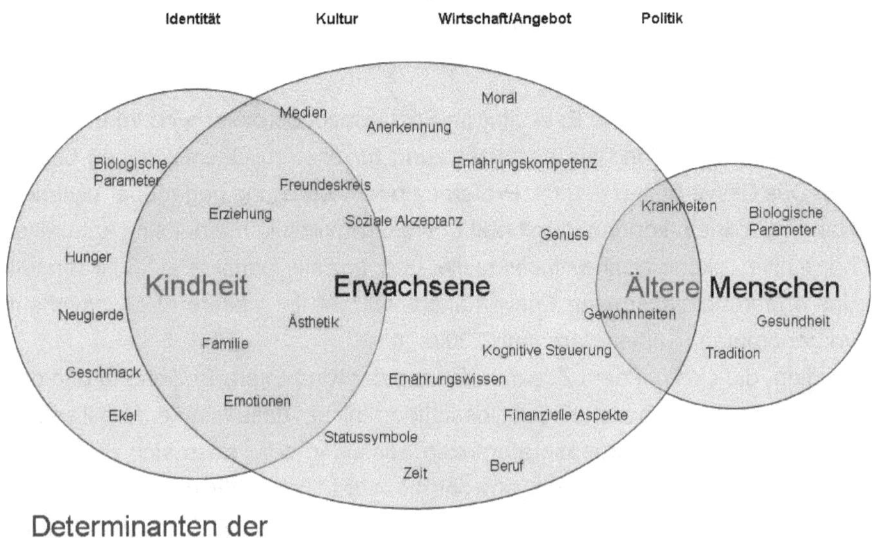

Darstellung 1: Determinanten der Nahrungsmittelwahl
(eigene Darstellung nach Fehrmann 2002: 44)

Was wir essen, wird in erster Instanz in unserer Herkunftsfamilie bestimmt. Dort erlernen wir den Umgang mit Nahrung, machen erste Erfahrungen und befriedigen unsere biologischen Bedürfnisse. Kindheit und Jugend spielen daher eine wesentliche Rolle für die alimentäre Biografie. Doch nicht alle Änderungen oder Brüche mit Ernährungsgewohnheiten im weiteren Lebensverlauf können allein durch diese Herkunft erklärt werden. Die Konstruktion einer eigenen Identität beinhaltet weiterhin genetische, biologische, psychologische, soziologische und kulturelle Faktoren, die in multidisziplinären Ansätzen und Studien zusammengefügt werden können (Chiva 2002: 88).
Eine repräsentative Umfrage des Instituts für Demoskopie Allensbach befragte im Februar 2009 1840 Personen in ganz Deutschland und wollte wissen, von welchen Personen oder Umständen die stärksten Einflüsse auf das eigene Leben ausgehen. Dabei beschreiben bei mehrfach möglichen Nennungen 73% der Männer und 76% der Frauen die Rolle der Mutter als besonders

prägend. Prozentual folgen Vater, Partner, Beruf (61% der Männer) und Kinder (51% der Frauen). Schicksalsschläge wirken sich weniger prägend aus, wobei Frauen davon stärker beeinflusst werden als Männer (GeoWissen 2009: 29).

Die Familienalltags- und Esskultur im Sozialisationsprozess wird im Familienhaushalt erfahren und als Voraussetzung für spätere Orientierungen begriffen. Das Essverhalten und die Präferenz oder Abneigung gegenüber diversen Nahrungsmitteln können damit erklärt werden. Wichtig hierbei sind kulturelle, normative, ökonomische, individuelle und soziale Aspekte. Modifikationen des erfahrungsbezogenen Essverhaltens werden im weiteren Lebensverlauf vorgenommen (Rößler-Hartmann 2003a: 45).

Studien, die sich mit dem Zusammenhang der Kind-Eltern-Beziehung und der Ernährungsweise beschäftigen, bestätigen nicht, dass starke Familienbindungen ähnliche Nahrungspräferenzen ausbilden oder dass sich die Präferenzen der Mutter auswirken, obwohl diese traditionell für die Nahrungsmittelzubereitung verantwortlich ist. Es werden nur schwache Korrelationen zwischen ähnlichen Nahrungsmittelpräferenzen von Eltern und Kindern festgestellt. Größere Korrelationen gibt es hingegen zwischen Geschwistern, Gleichaltrigen, zu anderen Erwachsenen oder medialen Einflüssen (Rozin 1996: 254). Zu ähnlichen Ergebnissen kommt ein Vergleich der Nahrungsmittelpräferenzen aus dem Jahr 1984. Es werden stärkere Ähnlichkeiten in der Ablehnung als in der Präferenz bestimmter Nahrungsmittel gefunden (Pudel/Westenhöfer 2003: 42).

Kindheitserfahrungen mit Ernährung und Nahrungsmitteln sowie die Vermittlung von Mahlzeitenmustern und Ernährungsnotwendigkeiten über Generationen prägen die Lebensmittelauswahl, den Geschmack und die Vorstellungen von Mahlzeiten (Brunner 2007: 122). Die Sozialisation in der Herkunftsfamilie bestimmt, welche Faktoren bis ins Erwachsenenalter übernommen werden. Das betrifft generelle Einstellungen zu Nahrung und Essen, das Interesse im Bereich Ernährung und den Umgang mit Lebensmitteln (Brunner 2007: 123). Psychologische und neurologische Untersuchungen betonen die Entwicklung in den ersten Lebensjahren eines Kindes und folgern, dass *„die Bahnen, in denen ein Mensch denkt, in seiner Kindheit bereits festgelegt werden."* (Rosken 2009: 66)

Nicht nur fortlaufende Erfahrungen mit bestimmten Lebensmitteln, wie zum Beispiel Fleisch, bestimmen unser Empfinden und unsere Einstellungen; es entstehen auch bildliche Eindrücke mit diversen Assoziationen zu Gerüchen, Geschmäckern, Formen, Farben oder Emotionen (Rößler-Hartmann 2003a: 45).

Lernprozesse durch Familienmahlzeiten sind als eine Art Training zu sehen, deren andauernde Wiederholung zur Gewohnheitsbildung führt und dem Essverhalten Stabilität verleiht. Essverhalten und Nahrungspräferenzen werden somit über Generationen übertragen und zeigen, dass äußere Faktoren starke Einflüsse ausüben. Dennoch kommt es durch wiederholtes Versuchen ‚neuer' Nahrungsmittel zu ihrer Akzeptanz und Gewöhnung bis hin zur Präferenz (Rößler-Hartmann 2003a: 46). Der *‚mere exposure effect'* wird meist durch äußere Faktoren in Gang gesetzt. Ein Nahrungsmittel wird erstmalig zubereitet und probiert. Über das anschließende *‚liking by tasting'* werden kulturelle Geschmackspräferenzen ausgebildet. Erst durch Beobachtung und soziale Anleitung erfahren wir Geschmacksqualitäten und starten den Lernprozess (Pudel/Westenhöfer 2003: 42). Das Einnehmen einer Mahlzeit an Tischgemeinschaften, eine hohe soziale Akzeptanz oder die Orientierung an Vorbildern sowie die Verknüpfung des Lebensmittels mit einem hohen Status fördern neue Gewohnheiten (Methfessel 2004: 7f).

Essen ist verbunden mit Emotionen. Doch nicht nur das Essen an sich, sondern auch damit in Zusammenhang stehende Menschen, Körperkontakte, Zuwendungen, Lebensumstände oder Geschichten sind mit Emotionen verknüpft. Düfte oder Geschmäcker lassen spontan Situationen und Empfindungen wieder aktuell erscheinen (Rößler-Hartmann 2003a: 46). Ekel, der durch Nahrungsmittel erzeugt werden kann, wird durch persönliche Erlebnisse geprägt und wirkt lange nach. Kommt es nach einer Mahlzeit zur Übelkeit, verbindet man diese im Nachhinein immer wieder mit dem zuvor Gegessenen und meidet dieses eventuell zukünftig (Fehrmann 2002: 35).

Verweigern Kinder Bestandteile einer Mahlzeit, die Eltern als wichtig erachten, beispielsweise die Gemüseportion, kann dies Ausdruck von Macht sein. Im Bereich der richtigen Ernährung sind Eltern selbst schnell verunsichert. Sie halten ihr eigenes Ernährungsverhalten eventuell nicht für ihre Kinder geeignet und handeln als Vorbild anders, als sie es ihren Kindern lehren möchten. Machtkämpfe ums Essen sind auch schon in früher Kindheit ein symbolisches Ausdrucksmittel. Anstandsregeln und Verhaltenskodizes prägen Menschen in ihrer Kindheit: Die Eltern sind Vorbilder, das Essen Erziehungsmittel. Besser etwas mehr kochen und immer brav den Teller aufessen. Essen zur Belohnung oder Essensentzug als Bestrafung. Das sind Situationen und Rituale, die später noch Gefühle und Erinnerungen entstehen lassen (Fehrmann 2002: 24). Da die jahrelange Konditionierung des Essverhaltens durch Wiederholungen und Gewohnheitsbildung zu generationenübergreifenden Verhaltenskontinuitäten führt, ist die Änderung dieses stabilen Essverhaltens kein einfacher Schritt (Pudel/Westenhöfer 2003: 42).

Sozialisationsprozesse sind auch an der Bildung von Ernährungskompetenzen maßgeblich beteiligt. Theoretisches Wissen und die Fähigkeit, Anleitungen in die Praxis umzusetzen, werden über Nachahmung und Übung erlernt. Kompetenzen befähigen im späteren Leben zur eigenen Verantwortungsübernahme im Ernährungsbereich (Brunner 2007: 122).

Seit einigen Jahren spielen moderne Küchen und mediale Ernährungsratgeber eine immer größere Rolle, und es ist anzunehmen, dass sich immer mehr Männer gerne als Chef am Herd sehen, gerade was die großen kulinarischen Genüsse anbelangt. Die Alltagsverantwortung und die schnelle, routinierte Versorgung werden als weniger wichtig erachtet und der geübten weiblichen Erfahrung überlassen (Brunner 2007: 122).

In der heutigen Zeit ist gerade die junge Generation eine Art Multiplikator für neue Ernährungsweisen. Sie verfügt über ein Lebensmittelwissen, das sie gerne den älteren Generationen weitergeben möchte. Schule und Ausbildung tragen einen wesentlichen Teil dazu bei. Ambivalente Folgen sind möglich: die Festigung bisheriger Muster oder das Erlangen neuer Erkenntnisse. Soziale Netzwerke wie Freunde, das Internet und andere moderne Medien regen an, Neues auszuprobieren und Informationen zu Gesundheit und Ernährung zu erlangen (Brunner 2007: 123). Institutionen wie Schule oder Ausbildungsplatz stellen Lebensräume in der sozialökologischen Forschung dar, und die mit diesen veränderbaren Größen einhergehende Dynamik wirkt sich auch immer wieder neu auf die biografische Bedeutung für das Individuum aus (Schön 2003: 14). Lehrer oder andere Multiplikatoren, die Wissen und Kompetenzen formen, bestimmen biografisch bedeutsame Prozesse im Lernen (Schön 2003: 17).

Als Einflussfaktoren für die Nahrungsmittelwahl sind neben Gewohnheiten, sozialen Merkmalen und unausgesprochenen Vorschriften auch Freunde, Differenzierungsverhaltensweisen und die Suche nach Anerkennung ausschlaggebend. *„Bei einigen Lebensmitteln genießen wir beim Verzehr mehr die soziale Anerkennung als den Geschmack.“* (Fehrmann 2002: 29) Sofern diese vorhanden ist, kann daraus Genuss entstehen.

Darstellung 2 von Pudel und Westenhöfer zeigt das Drei-Komponenten-Modell, das schematisch erklärt, wie die biologischen Signale mit fortschreitendem Lebensalter absinken, die kulturellen Normen als äußere Reize ansteigen und wie beide im hohen Alter wieder an Bedeutung verlieren. Kognitive Steuerung und rationale Einstellungen entscheiden zunehmend über das Essverhalten. Kognitionen sind wiederum abhängig von Wissen, Werten und Einstellungen zur Ernährung oder zu einzelnen Lebensmitteln (Pudel/Westenhöfer 2003: 47). Bei jungen Veganern scheint das vernunftgeleitete, ethische, intrinsisch-motivierte Signal bereits zu einem recht frühen Zeitpunkt sehr ausgeprägt zu sein – es dominiert über innere Signale sowie äußere Reize.

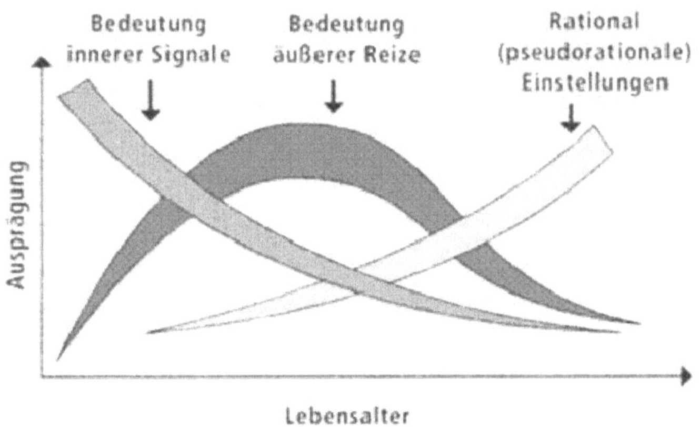

Darstellung 2: Drei-Komponenten-Modell (Pudel/Westenhöfer 2003: 47)

"Erst muß, bevor die Welt sich ändern kann, der Mensch sich ändern."

Bertolt Brecht

2.3 Intrinsische Motivation

Der erlernte Wert der Nahrungsmittel und der Wert, den sie für das Individuum aufweisen, werden ergänzt von moralischer Urteilsfähigkeit oder kulturellen Kontexten. Sie spielen eine Rolle bei der Identitätsbildung, dem Selbstbild und auch bei der Abhebung gegenüber anderen. Wissen und Glauben beeinflussen die Entscheidung (Chiva 2002: 89). Daher ist es nötig, neben dem äußeren Rahmen auch die innere Entwicklung genauer zu betrachten.

2.3.1 Identität

Identität ist die *„Herstellung einer Passung zwischen dem subjektiven ‚Innen' und dem gesellschaftlichen ‚Außen' zur Produktion einer individuellen sozialen Verortung"* (Keupp 2008: 293). Menschen streben nach Anerkennung und sie nutzen Eigenschaften, Gefühle, aber auch ihre Nahrungsmittelauswahl als Elemente ihrer Unverwechselbarkeit. Probleme ergeben sich sowohl in der Identitätskonstruktion als auch in der Nahrungsmittelauswahl darin, dass sie *„einerseits das unverwechselbar Individuelle, aber auch das soziale Akzeptable darstellbar"* machen sollen (Darstellung 3) (Keupp 2008: 293).

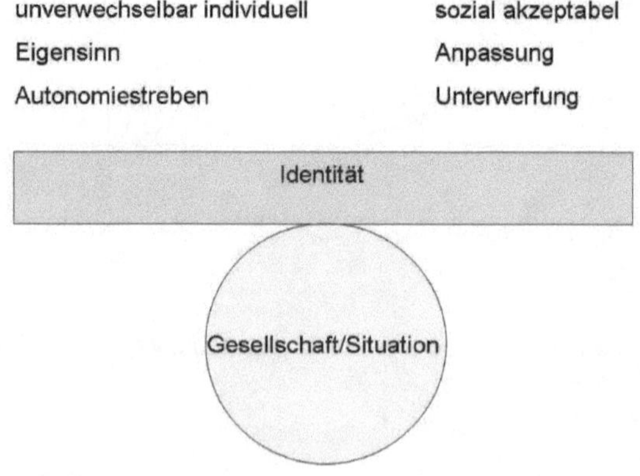

Darstellung 3: Identitätskonstruktionen (eigene Darstellung nach Keupp 2008: 293)

Ein Mensch bleibt ein und derselbe Mensch, ändert sich jedoch äußerlich (Körperbau, Größe) und innerlich (Charakterzüge, Einstellungen, Gewohnheiten, Befürchtungen) in Abhängigkeit von der Zeit und dem wechselhaften biografischen Verlauf (Keupp 2008: 294).

Die postmoderne Identität zeichnet sich aus durch Veränderungen und Offenheit, durch Patchworkcharakter oder Unberechenbares. Dadurch ist die Identitätsbildung nie abgeschlossen, sondern *„ein lebenslanges Projekt der Selbstorganisation und Selbstreflexivität“* (Schroer 2006: 52).

„Zur Entwicklung gehört einerseits die Bereitschaft, Aufklärung zu erfahren, andererseits, neue Erkenntnisse konsequent umzusetzen.“ (Veganer, 32 Jahre) (Grube 2009b: 191)

Die Frage ‚Wer bin ich?' ist immer auch vor dem Hintergrund zu sehen, dass man das Selbst, die eigene Identität nach außen darstellen möchte (Schroer 2006: 57). Die Selbstpräsentation oder -inszenierung kann durchaus durch eine vegane Lebensweise und einen bewussten Konsum von Nahrungsmitteln und Bedarfsgegenständen erfolgen.

„Essen wird zum Ausdruck der Person“ (Köstlin 2003: 3). Die Medien vermitteln uns Wissen oder zwingen zur Rechtfertigung. Die Ansprüche ans Individuum und an einen bewussten Konsum steigen und drängen sich in unsere Essgewohnheiten. Der Essalltag ist breit gefächert und reicht vom Veganismus über eine figurbewusste Ernährung bis hin zur traditionellen Hausmannskost. Essen fließt in Verhaltensweisen mit ein, selbst in die Pflege des eigenen Körpers, in andere Lebensbereiche wie Musikrichtungen, Kleidungsstile oder politische Haltungen und drückt damit Identität sowie Individualität aus. Das Nicht-Konsumieren bestimmter Nahrungsmittel, sei es der Burger einer Fastfood-Kette oder Fleisch im Allgemeinen, kann als moralischer Akt verstanden werden (Köstlin 2003: 3ff).

Die Wahlmöglichkeiten der Moderne machen den Konsum von Nahrungsmitteln zur Entscheidungssituation. Wie, was, wo, wie viel, von was? Die Auswahl ist individuelle wie auch kulturelle Ausdrucksmöglichkeit. Sie zeigt die Persönlichkeit bewusst nach außen hin auf. Gerade was den Konsum von Fleisch betrifft, ist in der europäischen Kultur ein weitreichender Wandel zu verzeichnen. Das Essen oder Produzieren von Fleisch kann verachtet werden, bestimmte Tierarten würden niemals zum Verzehr herangezogen werden oder der Fleischverzicht kann zur entscheidenden Bedingung bei der

Partnerwahl werden (Köstlin 2003: 10). In Interviews und Nachfrageerhebungen mit jungen, männlichen Veganern macht ein Veganer die Aussage, dass er *„Veganismus als einen unverzichtbaren Bestandteil [seiner] Person ansehe“* (Veganer, männlich, 30 Jahre) (Grube 2009b: 46), für einen anderen ist der Veganismus *„ein riesiger Teil meines Lebens“* (Veganer, männlich, 25 Jahre) (Grube 2009b: 70).

Essen als Ausdrucksform des Individuums gewinnt an symbolischer Bedeutung, und diese generellen Deutungszuschreibungen werden zur Wirklichkeit. Wenn ein Veganer keine tierischen Produkte verzehrt, so ist es Ausdruck einer emotionalen, politischen und weltanschaulichen Haltung gegenüber Tieren und der Umwelt. Von einer *„in dieser Hinsicht gebildeten Mittellage“* wird diese symbolische Bedeutung des Nicht-Essens erkannt und der Persönlichkeit zugeschrieben (Köstlin 2003: 11). Rechtfertigungen und Bekenntnisse werden dennoch nötig, da nichts an der heutigen Ernährung mehr selbstverständlich zu sein scheint. Verständliches Erklären der Ernährungsform ist daher Voraussetzung für das Verstandenwerden von anderen und das Nachaußentragen der eigenen Identität (Köstlin 2003: 11).

Die Dimensionen kultureller Identitätsbildung lassen sich beschreiben mit den Stichworten Nationalität, Regionalität oder Personalität. Alltagshandlungen, Kommunikationsprozesse und verhaltenstheoretische Einsichten sind mit Nahrung verbunden. *„Der Nahrungsverzehr wird nicht nur durch angeborene Körperfunktionen, sondern auch durch anerzogene Verhaltensmuster gesteuert. Zwischen Bedürfnis und Befriedigung tritt das kulturelle System der Küche.“* (Neumann 1993: 387) Jede Kultur prägt das Essverhalten durch die Dimensionen Religion, Soziales, Politik, Ökonomie, Pädagogik und Psychologie. Daraus ergeben sich die Geschmäcker und die symbolischen Bedeutungen bestimmter Nahrungsmittel (Neumann 1993: 387).

Ein 25-jähriger Veganer berichtet, mit der veganen Ernährungsform habe er Freunde verloren, auf der anderen Seite jedoch viele neue Freunde gewonnen, zu denen eine *„ganz starke emotionale Basis vorhanden“* ist (Grube 2009b: 72). *„Freunde, die noch Fleisch gegessen haben, völlig unpolitisch waren und nur ihre Karriere und Studium im Kopf hatten..., mit denen konnte ich einfach nichts mehr anfangen.“* (Veganer, 27 Jahre) (Grube 2009b: 79)

Neben der kulturellen Identität drücken Nahrungsmittel auch die personale Identität aus.

Traditionelle Identifikationsmöglichkeiten wie Familie, Nationalität oder Religion weichen neuen Formen der Identitätsstiftung. Durch die menschlichen Vorteile der Instinktentbundenheit und Weltoffenheit, die uns von Tieren unterscheiden, ist es uns möglich, beziehungsweise sind wir dazu gezwungen, uns unsere Identität selbst zu schaffen. Neben der künstlichen Intelligenz von Computern, die Wissen und Denken rein funktional darstellen, schafft das denkende Individuum durch seine Identität das Zusammenspiel von Wissen und moralischem Handeln und ermöglicht dieses damit erst (Fellmann 1997: 30).

Subkulturen, die Speisen eine besondere Bedeutung zumessen, wie es auch bei Veganern der Fall ist, sehen die Funktion von Speisen nicht nur unter pragmatischen Aspekten. Sie nehmen die Gegebenheiten nicht unreflektiert hin ohne sie zu hinterfragen, sondern messen der Symbolkraft eine besonders starke Bedeutung zu. Mit steigender Pluralisierung von Gruppen, Religionen oder Kulturen wachsen auch die Bedürfnisse von Individuen, sich abzugrenzen. Sofern die Speisen symbolisch eingesetzt werden sollen, sind erinnerbare Erfahrungen von sozialer Abhängigkeit oder Anerkennung als Hintergrund für die eigene Identität nötig (Zingerle 1997: 86).

Langfristige Veränderungen im Ernährungsverhalten werden hauptsächlich dann erzielt, wenn die *„Kompensationsfunktion der Ernährung für schmerzliche Gefühle entfällt"* und freundliche, flexible Welt- und Ernährungsmodelle als Auswirkung von Ernährungsänderungen Spannungen lösen und als angenehm empfunden werden (Fleischhut 2010: 151). Dazu bedarf es einer Unterstützung durch die drei Ebenen der *Kognition* (dem Selbstbewusstsein), der *Emotion* (dem Selbstwertgefühl) und der *Intuition* (dem Selbstvertrauen), um den nötigen Selbstwert zur positiven Weltanschauung zu fördern (Fleischhut 2010: 151).

2.3.2 Persönlichkeit als unveränderliche Grundlage

„Wir können uns nur weiterentwickeln, wenn wir uns treu bleiben." (Simon 2009: 22) Bei der Frage, wie sich der biografische Verlauf auf unser Leben oder unsere Persönlichkeit auswirkt, kann man auch anders argumentieren. Einige Wissenschaftler gehen davon aus, dass unsere Persönlichkeit in ihren Grundzügen feststeht. Sie ist *„die Gesamtheit aller länger anhaltenden indivi-*

duellen Besonderheiten im Erleben und Verhalten" (Simon 2009: 23) und durch fünf Dimensionen geprägt, die unterschiedlich ausgeformt sind: die *Offenheit für Erfahrungen*, die *emotionale Stabilität*, die *Gewissenhaftigkeit*, die *Verträglichkeit* und die *Extraversion* (Simon 2009: 23).

Im Leben durchläuft der Mensch verschiedene Phasen. Kultur, Nationalität und Geschlecht sind die Ausgangsposition. Die Moderne erwartet den flexiblen Menschen, lässt Selbstveränderungen durch ständigen Wandel zu und fördert diesen Wunsch auch bei den Individuen. Bei den Dimensionen der Persönlichkeitsentwicklung spielen das Geschlecht und die nationale Herkunft kaum eine Rolle. Lebenszyklen und Altersphasen dagegen weisen Ähnlichkeiten in den Kategorien auf. Die Ausgestaltung der einzelnen Dimensionen findet im Alter von drei bis zwölf Jahren statt. Bis zum Alter von 20 Jahren ist man besonders gesellig und offen für Neues, ab 30 Jahren dagegen immer weniger, wohingegen sich die Dimensionen Verträglichkeit und emotionale Stabilität stärker entfalten. Die nun gefestigte Persönlichkeit ist mit circa 45 Jahren ausgereift, und der Charakter des Menschen macht sich in seiner Lebensweise bemerkbar (Simon 2009: 23).

Auch einschneidende Erlebnisse, biografische Krisen etwa, die die Gefühle des Menschen stark positiv oder negativ beeinflussen, haben eher kurzfristige Auswirkungen. Danach kehrt der Mensch wieder zurück zur Situation, in der er sich individuell zufrieden fühlt. Was als Glück oder Zufriedenheit empfunden wird, geht zurück auf die Genetik oder den Erwerb von Eindrücken aus frühester Kindheit. Spätere biografische Einschnitte dagegen beeinträchtigen die Persönlichkeitsgrundzüge nur unwesentlich (Simon 2009: 24). *„Man könne die Persönlichkeit mit einer Knetmasse vergleichen – nur manche Figuren ließen sich damit beim besten Willen nicht formen."* (Simon 2009: 26)

Kommt es zu scheinbar radikalen Umbrüchen und Veränderungen in der Biografie eines Menschen, zu besonders freien Handlungen, die dauerhaft aufrechterhalten werden können, so sind das laut Simon unsere Wesenszüge, die zum Ausdruck kommen. *„Er hat nicht seine Persönlichkeit verändert, sondern sie nur konsequent herausgebildet."* (Simon 2009: 26)

Während die Präferenz für bestimmte Lebensmittel in der Übertragung von den Eltern auf die Kinder recht niedrige Korrelationen aufweist, sind die Korrelationen für übermittelte Werte höher. Die Nahrungsmittelauswahl ist stark moralisch bewertet und wird auch als solche erkannt. Der Konsum von Früchten, Salat oder selbstgemachtem Vollkornbrot wird eher moralischen Charaktereigenschaften zugeordnet als jener von Hamburgern, Steaks oder Donuts (Rozin 1996: 255). So werden die Teilnehmer einer Vegetarier-Studie unter Studenten beispielsweise als zuverlässig, ruhig und respektvoll anderen gegenüber beschrieben. Sie hätten einen Drang dazu, eingebunden zu sein, aktiv zu sein und träten für soziale Gerechtigkeit und Umweltbelange ein, insbesondere Studierende der Umweltwissenschaften (Merriman/Wilson-Merriman 2009: 9).

Der Ego Identity Status Approach von Marcia schafft möglicherweise einen Erklärungsansatz für die Entstehung des Veganismus. Marcia nennt vier Identitätszustände, die im Lebensverlauf wechseln können (Darstellung 4).

	Krise	**keine Krise**
innere Verpflichtung	erarbeitete Identität	übernommene Identität
keine innere Verpflichtung	Moratorium	Diffusion

Darstellung 4: Die vier Identitätszustände nach Marcia (eigene Darstellung nach Marcia 1980: 162)

Die *übernommene Identität* wird von den Eltern oder dem familiären Umfeld kritiklos angenommen und dient zur besseren Strukturierung, beispielsweise von Politik oder Religion. Dabei fühlt die Person eine Verpflichtung, diese Ansichten anzunehmen.

Die *Diffusion* entsteht, wenn es keine inneren Verpflichtungen gegenüber bestimmten Standpunkten gibt und dem Menschen alle Möglichkeiten offenstehen, in denen es ihm zugleich auch schwerfällt, sich zu entscheiden. Er hinterleuchtet sie nicht kritisch.

Im *Moratorium* dagegen wird die kritische Auseinandersetzung mit möglichen Handlungsalternativen in Angriff genommen, um zu einer besseren Orientierung zu gelangen. Es ist nicht immer einfach, sich zwischen Handlungsoptionen zu entscheiden. Der Mensch befindet sich in einer Krisensituation.

Der *erarbeiteten Identität* geht voraus, dass sich der Mensch bereits mit verschiedenen existenten Orientierungen auseinandergesetzt hat und aktiv zur eigenen Position und Struktur gelangt ist (Marcia 1980: 161ff).

Moralisches Denken geht häufig mit der Identitätserarbeitung und der Reflexion in den Prozessen des Moratoriums einher. In diesen beiden Stadien neigen Menschen eher zu unkonventionellen moralischen Denkweisen. Bei niedrigeren Identitätszuständen finden sich dagegen häufiger geläufige und vorgefertigte Moralvorstellungen wieder. Auch in anderen Studien werden Individuen mit hohen Identitätszuständen (erarbeitete Identität und Moratorium) eher Eigenschaften mit ethischen, empathischen und sozialen Zügen zugeschrieben (Marcia 1980: 163). Im Umkehrschluss würde das bedeuten, dass Krisen sensibler machen und zur Reflexion anregen. Die daraus resultierenden Identitäten scheinen allerdings labiler zu sein (Born 2002: 15f).
Ein 22-jähriger Veganer berichtet: *„Und wenn ich mir wieder diese Konsequenz bewusst mache, was mit Tieren passiert, dann fühle ich mich manchmal schon ziemlich beschissen, (...) Meine innerliche Stärke, dass ich das überhaupt durchhalte, diesen Konflikt zwischen Konsequenz und Zeit. Das ist das Schwierigste.“* (Grube 2009b: 45)
Die Fähigkeit eines Menschen, aus widrigen Umständen oder Notsituationen gestärkt und einfallsreicher hervorzugehen, nennt sich Resilienz. Statt Gegebenheiten so hinzunehmen wie sie sind, kommt es zur Umgestaltung oder Wandlung. Für das weitere Leben rüstet die Resilienz angreifbare, verletzbare Personen mit positiven Verhaltensmerkmalen aus. Resilienz selbst ist als Prozess und nicht als Eigenschaft zu verstehen, welche sich im biografischen Verlauf über günstige Umstände entwickelt (Borst 2006: 197).
Resilienzprozesse werden durch Persönlichkeitsmerkmale wie Selbstwertgefühl, Selbstwirksamkeit und Temperament oder Bindungserfahrungen beeinflusst. Diese werden in frühen Entwicklungsstadien festgelegt, können aber durch weitere soziale Erfahrungen und Lernen geprägt werden. Neben Selbstreflexion, Erfolg und Sicherheit, was Beschäftigung und Bindungen betrifft, sowie Kompetenzen im Umgang mit Problemen, die Eigenmotivation, Reflexion, neue Verhaltensweisen und Einsichten fördern, sind auch Fähigkeiten wichtig, die zum Eigenengagement führen oder die von helfenden Institutionen ausgehen (Borst 2006: 196). In der familialen Sozialisation werden Kindern Eigenschaften vermittelt, die resilienzfördernd wirken. Das können *familiale Überzeugungssysteme* sein, die eine positive Grundeinstellung zum Leben und einer zukünftigen Entwicklung vermitteln, *organisatorische Muster* wie Verbundenheit oder Flexibilität, oder auch *Kommunikationsprozesse*, die

das Lösen von Problemen als kooperativen, offenen und emotionalen Prozess darstellen. Ebenso wirken sich individuelle Kompetenzen, Temperamente, äußere Faktoren wie Freunde oder Verwandte, bis hin zu materieller Ressourcenverfügbarkeit auf die Resilienz aus (Hildenbrand 2006: 211).
Bei der Frage, wie es möglich ist, das eigene Leben zufrieden zu leben, sind Ressourcen zur besseren Entscheidungsfindung oder Krisenbewältigung nötig. Kohärenz als zweite wichtige Ressource, als Grundvertrauen in das Leben, braucht die Komponenten der Verstehbarkeit, der Handhabbarkeit und der Sinnhaftigkeit. Ereignisse werden erklärbar, mit eigenen Ressourcen lösbar, und die Investition von Energie in Problemlösungsprozesse wird als sinnvoll empfunden (Hölzle 2009: 71f). Auch in der Wahl der Ernährungsweise spielt die Kohärenz somit eine wesentliche Rolle.

> ***"Nichts ist schwerer und nichts erfordert mehr Charakter, als sich im offenen Gegensatz zu seiner Zeit zu befinden und laut zu sagen: 'Nein!'"***
>
> Kurt Tucholsky

2.4 Moral und Essmoral

Eine weitere Grundvoraussetzung für eine vegane Lebensweise scheinen entsprechende Moralvorstellungen zu sein. *„Moralische Motivation jedoch ist erst verbürgt, wenn er das Rechte tut, auch wenn er keine Lust dazu verspürt. Moralische Motivation ist nicht bloßes Ausagieren spontaner Neigungen (...), sondern setzt eine willentliche Selbstbindung an Moral voraus (...)"* (Nunner-Winkler 2008: 84). Moral soll ein gutes Leben fördern und Richtiges von Falschem unterscheiden. Die sofortige Erfüllung von Wünschen und aktuelle Situationsanforderungen treten zugunsten der Identitätssicherung aller zurück. Mit der fortschreitenden Globalisierung, Pluralisierung und Individualisierung sind eindeutige moralische Orientierungen schwerer zu identifizieren (Barlösius 2004: 41).
Moralische Grundhaltungen wie Mäßigung, Verteilungsgerechtigkeit, sparsamer Umgang, Verantwortung gegenüber Tieren und der Umwelt bis hin zur Kritik hierarchischer Strukturen, können über die Ernährungsweise zum Ausdruck gebracht werden. Aus der Essmoral kann eine noch tiefer greifende Moralvorstellung entstehen. Die allgemein vorherrschende Essmoral und deren Verpflichtungen werden eher routiniert gelebt, ganz im Gegensatz zur in-

dividualisierten Alltagsmoral, die ganzheitlich Einfluss auf die Lebensführung eines Menschen nimmt (Barlösius 2004: 40). Auffassungen einer individuellen Moral, die in Interviews mit Veganern zum Ausdruck gebracht werden, lauten: *„Ich fühle mich empathisch zu nah mit Tieren verbunden, als dass ich mich, ohne selbst darunter leiden zu können, an ihnen in zweiter oder dritter Person vergehen könnte."* Oder sie können den Konsum tierischer Produkte vor sich *„selbst nicht rechtfertigen"* (Grube 2009b: 48).

Eine vegane Lebensweise ist geprägt von ‚Verzicht' auf tierische Lebensmittel (auch wenn die betreffenden Personen selbst dies mit einem reinen Gewissen und einem sich ganz neu erschließenden Nahrungsmittelspektrum gerne in Kauf nehmen und immer wieder betonen). *„Mit dem Verzicht signalisiert man eine Bereitschaft, Besorgnis und Bedenken zu zeigen: Der Verzicht fungiert als kommunikatives Zeichen."* (Barlösius 2004: 46) Boykotte nach Skandalen sind als moralische Verurteilungen zu sehen. Bei vegan lebenden Menschen nehmen sie einen langfristigeren Charakter ein als bei den kollektiven Massen, die lediglich nach dem BSE-Skandal ihren Fleischkonsum einschränken, um den moralischen Verstoß im Umgang mit Tieren zu bestrafen (Barlösius 2004: 41). Dabei wird nicht nur ein Überdenken der bestehenden Essmoral angeregt, sondern neue Gebote mit kollektiv verbindlicher Wirkung, insbesondere über die Verbreitung durch Massenmedien, lösen zugleich alte Gebote ab (Barlösius 2004: 47).

„Ein zentraler Unterschied zwischen der kollektiven und der individualisierten Alltagsmoral besteht darin, dass bei der letzteren sich die Individuen für die Nichteinhaltung persönlich zu rechtfertigen haben." (Barlösius 2004: 48) Veganismus als Ausdruck einer individualisierten Alltagsmoral wird häufig als übertrieben und als ‚Spinnerei' abgetan. Ein Rechtfertigungsdruck der Veganer entsteht gerade bei gemeinsamen Mahlzeiten mit Menschen, die sich ‚normal' ernähren. Mit Rechtfertigungen und Begründungszusammenhängen, die in der Kollektivgesellschaft im Allgemeinen akzeptiert werden, richten sich auch Ernährungsformen, die von der Norm abweichen, wiederum an das kollektive Moment und dessen Verbindlichkeit (Barlösius 2004: 48).

Überlegungen zur Erklärung moralischer Unterschiede zwischen den Geschlechtern werden von Nunner-Winkler angestellt. Zum einen gelte die moralische Haltung bei Frauen eher als flexibel und sei an Fürsorge oder Verantwortung orientiert, die Moral der Männer dagegen orientiere sich an Gerechtigkeit und sei eher starr. Frauen gehen Bindungen mit anderen ein, wobei Verantwortlichkeiten und Mitgefühl entstehen. Sie nehmen Bedürfnisse wahr, gehen darauf ein, aber sind dennoch flexibler, also bereit, Kompromisse und Ausnahmen zu machen. Männer dagegen, so die Annahme, berufen sich auf Rechte und Pflichten in der Gesellschaft, wägen rational und neutral Bedürfnisse anderer ab und halten rigide an ihren Prinzipien fest (Nunner-Winkler 2008: 82). Trotz dieser Theorien sind in zahlreichen Studien keine moralischen Unterschiede zwischen den Geschlechtern zu finden (Nunner-Winkler 2008: 83).

2.4.1 Nachhaltige Verhaltensänderungen und Verhaltensweisen

Eine vegane Ernährung lässt auch auf umweltbewusstes Verhalten schließen, da die Sensibilität für Themen wie Tierschutz, Klimaschutz oder Konsumverzicht Aspekte des Umweltschutzes einschließen. In der verhaltenswissenschaftlichen Forschung wird festgestellt, dass die Varianz von umweltbewussten Einstellungen zu umweltbewusstem Verhalten lediglich bei 10-20% liegt. Dabei spielen die Kombination aus Wissen und Werthaltungen, die Bewertung (von Handlungsmöglichkeiten, die besonders geeignet für die Erreichung des Zieles sind) und Handlungsbereitschaft eine wesentliche Rolle (Hunecke 2008: 98).

Das geplante, handlungsbezogene Verhalten ist durch subjektive Eindrücke bestimmt. Objektive Kriterien wie die materielle Situation oder die räumlichen Gegebenheiten spielen bei der Erklärung nachhaltiger Verhaltensweisen eine untergeordnete Rolle. Jedoch wirkt sich ein Umweltbewusstsein bei höherem Verhaltensaufwand für eine Person geringer aus (Hunecke 2008: 100).

Beachtet man den Zeithorizont, also die Kurz- und Langfristigkeit von Veränderungen in Verhaltensweisen, so werden bestimmte erlebte Situationen zwar als einschneidende Erlebnisse oder als Grund für Veränderungen angegeben und auch durchaus als effektiv angesehen, doch längerfristig anhaltende Änderungen sind aufgrund fehlender Einstellungsänderungen über extrinsische Einflüsse kaum zu realisieren. Intrinsische Motive werden gerade in der Kindheit und Jugend durch Maßnahmen während der Sozialisation ausgebildet, und im Erwachsenenalter frischt man bereits existierende Werte eher auf. *„Allenfalls in biographischen Umbruchphasen bieten sich dann noch*

Ansatzpunkte, um alte Werte in Frage zu stellen und neue Orientierungen aufzubauen.“ (Hunecke 2008: 102)

Strikte ärztliche Anweisungen oder konkrete Vorschriften ziehen meist ein pedantisch genaues Verhalten im Umgang mit der Ernährung nach sich. Die alte Nahrungsmittelordnung ist außer Kraft gesetzt. Doch bereits nach kurzer Zeit, sofern auch keine Erfolge sichtbar sind oder ein erwartetes Lob erfolgt, kehren die Menschen zu ihren Ernährungsgewohnheiten zurück (Kaufmann 2005: 39). Anreize und Verhaltensangebote müssen unbedingt durch neue Erfahrungen und überzeugende Argumente ergänzt werden, um bestehende Werte und Einstellungen im Nachhinein noch ändern zu können (Hunecke 2008: 103).

Auch in nachhaltigen Ernährungsgewohnheiten unterscheiden sich Männer und Frauen voneinander. Ihre Zugänge sind zum einen durch die Herkunftsfamilie und deren Rollenteilung im Umgang mit der Ernährungsverantwortung zu finden, und zum anderen prägen biografische Verstärkungsfaktoren geschlechtsspezifische Rollenmuster (Jelenko 2007: 93). Die traditionellen Zugänge zur Erklärung von nachhaltigen Ernährungspraktiken sehen die Frauen noch stärker in der Ernährungsverantwortung für ihre Familie und den Mann als genussfreudigen Konsumenten. Dies ist die Folge biografischer Geschlechterkonstruktionen, Verantwortungszuschreibungen und -übernahmen und ist weniger als gegebener Unterschied von Mann und Frau zu verstehen (Jelenko 2007: 90).

Sofern die Herkunftsfamilie eher bürgerlich-traditionelle Rollenmuster aufweist, sind starke Einschnitte im biografischen Verlauf wie die erste eigene Wohnung, die Berufstätigkeit der Mutter, die neue Freundin oder eigene Kinder Möglichkeiten, Veränderungen im Ernährungsverhalten zu bewirken und eine nachhaltige, bewusste, gesunde Ernährungsform ‚voranzutreiben'. Gesellschaftlicher Druck und intrinsische Emotionen lassen Männer eine alltägliche Ernährungsverantwortung übernehmen und fördern die Auseinandersetzung mit Produktionsbedingungen oder Herkunftsfragen (Jelenko 2007: 92). Jüngere Milieus mit tendenziell höherer Bildung und finanzieller Sicherheit, die auch egalitäre Partnerschaftsstrukturen aufweisen, führen zur Ausbildung praktischer Ernährungskompetenzen von Männern (Jelenko 2007: 93). Das Wissen und die Kompetenzen werden also vielfach erst außerhalb der Herkunftsfamilie selbstständig angeeignet. *„Männliches Wissen über Lebensmit-*

tel bezieht sich oft auf theoretisch erworbenes Wissen (z. B. Produktionsbedingungen und umweltpolitisches Wissen, aber auch Wissen über ‚gute' Geschäfte und Marken), während weibliches Wissen stärker auf praktischen Eindrücken und Erfahrungen (Optik, Geschmack, Geruch) basiert." (Jelenko 2007: 91)

Der Veganismus kann über mehrere Zugänge gefördert werden. Aus bürgerlichen Milieus sind das hohe Qualitätsbewusstsein und die Neigung zur Distinktion mögliche Ansatzpunkte. Die traditionelle Wertevermittlung lehnt Massentierhaltung und industrielle Produktionsweisen eher ab, und postmaterielle Milieus zeichnen sich durch ökologische, sozialkritische oder nachhaltige Interessen aus. Insgesamt wird das Bewusstsein der Männer wohl stärker über die gesellschaftlichen Diskurse beeinflusst als über praktische Lernprozesse in der Herkunftsfamilie (Jelenko 2007: 95). Der verantwortungsvolle Umgang mit Ernährung setzt die *„praktische Beschäftigung mit Ernährung, verbunden mit der Übernahme von Ernährungsverantwortung und der Ausbildung von Ernährungskompetenz"* jedoch voraus (Jelenko 2007: 96).

2.4.2 Genderaspekte und Fleisch

‚Männlichkeit' und ‚Weiblichkeit' sind in der westlich geprägten Kultur bestimmten Erwartungshaltungen unterworfen, die den geschlechtsspezifischen Rollen zugeschrieben werden. Frauen gesteht man geringere Risikobereitschaft und instabilere Entscheidungsverhalten zu. Sie müssen sich anstrengen, um etwas zu erreichen. Männer dagegen besitzen das stabilere Entscheidungsverhalten und bewältigen die Verhältnisse durch ihre Fähigkeiten. Geschlecht ist damit, wie auch die Ernährung, eine soziale Konstruktion, und es ergeben sich auch in der Ernährungsweise geschlechterspezifische Erwartungshaltungen (Rückert-John/John 2009: 178). *„Die traditionelle Kompetenz für das Alltägliche bleibt bei den Frauen. Das Neue, Besondere, Nichtalltägliche und Sichtbare zelebrieren die Männer als ihre Spezialität."* (Köstlin 2003: 10)

Die konstruierten Stereotype sind in der Realität nicht ganz so eindeutig durch den Genderbezug zu rechtfertigen. Vielmehr spielen auch das Alter oder die Schichtzugehörigkeit eine Rolle (Rückert-John/John 2009: 178).

Das Ernährungsverhalten bedient sich oft der Geschlechterattribute des ‚starken' und des ‚schwachen' Geschlechtes und mündet in der Wahl ‚starker' beziehungsweise ‚schwacher' Nahrung (Rückert-John/John 2009: 179). Als kulturell männliche Attribute werden beispielsweise Lustbetontheit, Freude und Befriedigung durch das Essen, ein kräftiges Zulangen und das Leeressen des Tellers, sowie Fleisch und Alkohol als markante männliche Nahrungsmittel genannt. Frauen werden in ihrer Nahrungsmittelauswahl und Essweise vermehrt mit restriktivem, gesundem, kalorienarmem Essen in Verbindung gebracht. Gemüse gilt als weibliches Nahrungsmittel, denn Frauen wird die höhere Ernährungskompetenz zugeschrieben (Setzwein 2002: 79ff). Fleisch als typisches Beispiel der symbolischen Kraft, Aktivität und Macht ist als Differenzierungsmerkmal besonders gut geeignet. In vielerlei Hinsicht gilt Fleisch als Symbol der Macht: der Macht über die Natur und die Tiere – auch über die Frauen –, im Ausdruck sexueller Potenz und Stärke, körperlicher Leistungsfähigkeit oder in der Abgrenzung von Menschen mit niedrigerem Status. Die repräsentative Funktion bleibt im Genuss des Fleisches bis heute erhalten (Setzwein 2002: 91).

In der Pubertät verstärken sich die Geschlechterdifferenzen, die über die Ernährung ausgedrückt werden sollen. Die geschlechtsstiftende Wirkung wird deutlicher hervorgehoben (Setzwein 2002: 82). In der Jugendphase treten Geschlechterunterschiede auf, bei denen Jungen eher eine niedrige moralische Motivation und Mädchen eine hohe moralische Motivation aufweisen (Nunner-Winkler 2008: 84). Kinder können aber, gerade auch Jungen, durch eine enge Bindung zu einem Haustier und die Verantwortungsübernahme für dieses, ein besseres Sozialverhalten erlernen sowie Mitgefühl für andere ausbilden und fürsorgliche Charaktereigenschaften entwickeln (Rifkin 2010: 348).

Geschlecht, Essen und Hierarchie stehen in engem Zusammenhang. Noch vor 100 Jahren gab es klare Strukturen, die das Fleisch in größeren Mengen nur für den Familienvater vorsahen (Spiekermann 2002: 51). Nachdem die Emanzipation in vielerlei Hinsicht Wirkung gezeigt hat – in der gerechteren Arbeitsteilung und Berufstätigkeit von Frauen, in der Küche als neuer, repräsentativer Domäne von Männern, in der sexuellen Revolution und in der Pluralisierung der Lebensstile – wird Geschlecht jedoch weiterhin symbolisch über den Konsum von Nahrungsmitteln ausgedrückt (Spiekermann 2002: 68).

Sind vegane Männer emanzipierte Männer? Womit kompensieren sie die im Hinblick auf die Ernährung symbolisch verloren gegangene Männlichkeit? Bei Motivationsforschungen wurde gezeigt, dass Männer Nahrungsmittel meiden, die gesellschaftlich und symbolisch mit einem niedrigen Status verbunden werden, da sonst Minderwertigkeitsgefühle entstehen können. Da Gemüse und eine fleischlose Ernährung über lange Zeit sowohl eher von sozial und finanziell Schwachen, von Frauen und Außenseitern konsumiert wurden, ist es schwierig, die Assoziation zur Unterlegenheit abzustreifen (Setzwein 2002: 84). Der Verzicht auf Fleisch geht in den Überlegungen vieler Männer mit dem Verlust ihrer ‚Männlichkeit' und der gleichzeitigen ‚Verweiblichung' einher, der den Status mindert (Setzwein 2002: 86).
Das biologisch bestimmte Geschlecht ‚sex' ist determiniert, während das soziale Geschlecht ‚gender' auf *„sozialen Klassifikationsbedürfnissen"* beruht und symbolisch wie auch ideologisch bestärkt wird (Setzwein 2002: 77). Die individuelle Biografie von Veganern weist meist den gleichen kulturellen Kontext auf wie die der Männer, die tierische Produkte verzehren, und sie verläuft dennoch im Bereich der Ernährung in ganz anderen Bahnen. Was *„wissen wir eigentlich über die <u>soziale Konstituierung</u> solcher ‚kulinarischen Subkulturen'? Die Antwort lautet: viel zu wenig."* (Setzwein 2002: 76)
Männer, so die Annahme von Nunner-Winkler (2008: 82), berufen sich auf Rechte und Pflichten in der Gesellschaft, wägen rational und neutral Bedürfnisse anderer ab und halten rigide an ihren Prinzipien fest. Konsequenz im Ausschluss aller tierischen Nahrungsmittel, rationales Erkennen ausbeuterischer Strukturen und pflichtbewusstes Eintreten für eine ‚bessere' Welt als gelebtes moralisches Handeln sind kennzeichnend für den Veganismus. Bloßer Vegetarismus als Kompromiss moralischer Ideale wäre demnach mit weiblichen Eigenschaften, dem Einfühlungsvermögen oder der Kompromissbereitschaft, assoziiert (Nunner-Winkler 2008: 82).
Eine sozialwissenschaftliche Studie zum Verhalten und den Identitäten von Männern, die durch das Bundesministerium für Familie, Senioren, Frauen und Jugend gefördert wurde, brachte mehrere Erkenntnisse zu Tage. ‚Der Mann' in der heutigen Gesellschaft ist aufgrund der großen Vielfalt von Verhaltens- und Identitätsmustern nicht eindeutig erklärbar. Ursprüngliche Rollenbilder sind überholt und neue, attraktive fehlen noch. Die Suche nach Orientierungsmöglichkeiten beginnt. Die Männer selbst sind in vielfacher Weise

schon gedanklich emanzipiert, von strukturellen Bedingungen aber noch in entsprechenden Verhaltensweisen behindert. Sie sympathisieren mit dem Gedanken, dass ein Mann Gefühle zeigen oder zärtlich sein kann und die Gefühle anderer versteht. Weniger sympathisch werden Überlegenheit und Härte als männliche Attribute bewertet. Durch die vorherrschende Familienpolitik bewirken die biografischen Wendepunkte wie eine Heirat, ein Kind oder ein Wohnortwechsel häufig noch immer ein Abrutschen in traditionelle Rollenmuster (Wippermann et al. 2009: 1ff).

Die dominanten Geschlechtsidentitäten von Männern heute sind in vier Hauptkategorien einteilbar: der postmoderne Mann (31%), der moderne neue Mann (32%), der starke Haupternährer der Familie (23%) und der Lifestyle-Macho (14%).

Der moderne neue Mann beispielsweise befindet sich tendenziell eher in gehobenen Milieus und Bildungssegmenten, doch trotz des normativen Selbstbildes mit einer Akzeptanz neuer Rollenbilder sind oft berufliche Aspekte hinderlich für die alltägliche Umsetzung fortschrittlicher Gedanken in die Praxis. Gleichstellungsgedanken sind prägend, müssen aber im Alltagsleben über hohen persönlichen Energieaufwand immer wieder neu arrangiert werden (Wippermann et al. 2009: 1ff). Eine weitere Milieustudie stellte bei einer Gruppe junger Männer im Alter von 20 bis 30 Jahren fest, dass sich ihre Interessen auf postmaterialistische Aspekte, die individuelle Entfaltung oder die Suche nach immer neuen Erfahrungen konzentrieren. Weiterhin sind gerade bei diesen Befragten durch ihr Interesse an Gesundheit, Schlankheit oder Sportlichkeit strenge Reglementierungen ausgeprägt. Der Fleischkonsum hat bei ihnen keinen besonderen Stellenwert. Die Ernährung hat in dieser Gruppe eine untergeordnete Bedeutung und das Ernährungsverhalten ist kontextabhängig (Astleithner 2007: 163f).

„Da der Vegetarismus als Komponente des Lebensstils heute vor allem bei jüngeren Personen und in sozialen Milieus populär ist, für die ein hoher Bildungsgrad sowie eine alternative politische Haltung kennzeichnend sind, ist es jedoch nicht unwahrscheinlich, dass der Fleischverzicht auch mit einer größeren Offenheit und Gleichheitsorientierung hinsichtlich der Geschlechterarrangements kombiniert ist." (Setzwein 2002: 93) Junge vegane Männer sind durch ihre Einstellungen wohl am ehesten unter den modernen neuen Männern zu finden.

„Die Macht der Mehrheit ist so stark, dass wir uns beugen, selbst wenn uns niemand zwingt."

Jeff Mannes

3. Biografie

Biografie ist *„eine im lebenslangen Prozess erworbene Aufschichtung und Interpretation von Erfahrungen, die bewusst oder unbewusst in unsere Weltdeutung und heutiges Handeln eingehen. Wir sind immer auch Vergangenheit."* (Gudjons/Wagener-Gudjons/Pieper 2008: 21) Biografie wird wörtlich mit ‚Lebensbeschreibung' übersetzt. Durch die Einnahme einer bestimmten Perspektive bei der Beschreibung sind Biografien allerdings *„immer Fragmente, selbst dann, wenn sie den Anspruch haben, ein ganzes Leben zu umreißen. Sie sind Annahmen über eine Realität, die vorüber ist. Auch die beste Beschreibung bleibt eine Re-Konstruktion."* (Ruhe 2009: 133)
Durch den gesellschaftlichen Wandel werden Ernährungsprozesse verändert und es ergeben sich neue Handlungsspielräume in den Entwicklungstrends. In diesem Rahmen befindet sich die eigene Biografie. Individualisierungstendenzen der heutigen Gesellschaft bringen Auf- oder Ablösungen von Lebensformen mit sich, wie sie ursprünglich zu finden waren. Biografien können somit vom Individuum selbst zusammengestellt oder inszeniert werden. Die Planung und Marktfähigkeit der Biografie kann durch den Einzelnen übernommen und festgelegt werden (Brunner 2007: 119). Der Lebenslauf kann als Ordnung der Lebenszeit angesehen werden, die Lebensführung als regulierende Handlung im Alltag. Sie dient der Ausgestaltung der Biografie. Biografie selbst gilt als *„subjektive Konstruktion des Lebens"*, integriert und gestaltet Lebenslauf und Lebensführung individuell und wird damit zur Geschichte der Lebensführung (Kudera 1995: 89).
Der Biografie kommt für den Prozess der Selbstreflexion eine wesentliche Bedeutung zu. Die kulturellen, sozialen und gesellschaftlichen Verhältnisse prägen die Biografie, also die Lebensgeschichte eines Menschen. Sie stellen eine Art Spiegelbild dar und können für die Möglichkeit der politischen Bildung oder den Versuch zur Veränderung von Gewohnheiten herangezogen werden. Habermas sieht in der zu einer Veränderung führenden Selbstrefle-

xion des Einzelnen sogar eine Emanzipationsbewegung. Indem ein Mensch sich mit der eigenen Geschichte und deren Prozessen beschäftigt, lernt er zu verstehen und kann dadurch auch eine stärkere politische Handlungsfähigkeit ausbilden (Gudjons/Wagener-Gudjons/Pieper 2008: 16).
Torres und Torres beschreiben in ihrem Buch diese Selbstreflexion im Übergang zu einer veganen Lebensweise: *„Veganism as a process and as a way of life is all about asking you to rewrite those internal skripts to recognize the inherent worth of animals. Coming to this awareness is complex and at times frustrating, making ethical veganism a complex gift. We'd be lying to you if we said it was easy to buck thousands of years of tradition and to deny the received social and cultural wisdom that says that doing things the same old way is just fine."* (Torres/Torres 2010: 4f)

3.1 Bedeutung der Biografie

Neue Biografieverläufe sind flexibler, diskontinuierlicher und durch mehr Beziehungen gekennzeichnet, was auch auf die neuen Arbeitsformen zurückzuführen ist. Ernährungsroutinen, -muster und -stile, wie sie früher üblich waren oder in der Kindheit erlernt wurden, müssen daher ebenfalls neu geformt werden. Statusveränderungen können durch den Auszug aus dem Elternhaus, eine Heirat oder den Tod eines Partners auch die Ernährungspraktiken verändern. Diese *„Transitionsphasen"* sind bei der Untersuchung von *„Konsumbiografien"* und *„Ernährungskarrieren"* besonders zu beachten (Brunner 2007: 19ff).

Lebensphasen im vollständigen Lebenszyklus nach Erik H. Erikson

Phasen	Psychosoziale Phasen + Modi	Psychosoziale Krisen	Radius wichtiger Beziehungen	Grund-stärken	Kernpatho-logie/ Grund-legende Antipathien	Ich-Erkenntnis	Verwandte Prinzipien der Sozialordnung	Bindende Ritualisie-rungen	Ritualismus
I: Säuglingsalter	Oral-respirato-risch; sensorisch kinästhe-tisch (Einverlei-bungsmodi)	Grundvertrauen / Grundmiss-trauen	Mütterliche Per-son	Hoffnung	Rückzug	Ich bin, was man mir gibt.	Kosmische Ordnung	Das Numinose	Idolismus
II: Kleinkindalter	Anal-urethral (Modi des Zurückhaltens und Ausscheidens	Autonomie / Scham + Zwei-fel	Elternpersonen	Wille	Zwang	Ich bin, was ich will.	„Gesetz und Ordnung"	Einsicht	Legalismus
III: Spielalter	Infantil-genital, loko-motorisch (Modi des Eindringens und Umschießens)	Initiative / Schuldgefühl	Kernfamilie	Ent-schlusskraf t	Hemmung	Ich bin, was ich mir vorstellen kann zu wer-den.	Ideale Leitbilder	Das Dramati-sche	Moralismus
IV: Schulalter	„Latenz"	Regsamkeit / Minderwertig-keit	Nachbarschaft, Schule	Kompetenz	Trägheit	Ich bin, was ich lerne.	Technologische Ordnung	Das Formale (der Technik)	Formalismus
V: Adoleszenz	Pubertät	Identität / Identi-tätskonfusion	Peer-Groups und fremde Gruppen	Treue	Zurückwei-sung	Ich bin, was ich bin.	Ideologische Weltsicht	Das Ideologi-sche	Totalismus
VI: Frühes Er-wachsenenalter	Genitalität	Intimität / Isolierung	Partner in Freund-schaft, Sexualität, Wettbewerb, Zusammenarbeit	Liebe	Exklusivität	Ich bin, was mich liebens-wert macht.	Grundmuster von Kooperati-on und Rivalität	Das Zusam-men-schließende	Elitismus
VII: Erwachse-nenalter	Prokreativität	Generativität / Stagnation	Arbeitsteilung und gemeinsamer Haushalt	Fürsorge	Abweisung	Ich bin, was ich bereit bin zu geben.	Zeitströmungen in Erziehung und Tradition	Das Schöpfe-rische	Autoriarismus
VIII: Alter	Generalisierung der Körpermodi	Integrität /Verzweiflung	„Die Menschheit", Menschen meiner Art"	Weisheit	Hochmut	Ich bin, was ich mir angeeignet habe.	Weisheit	Das Philoso-phische	Dogmatismus

Darstellung 5: Lebensphasen im vollständigen Lebenszyklus nach Erik H. Erikson (Mück 2005)

Die Lebensphasen nach Erikson zeigen in Darstellung 5 auf, wann welche Grundstärken im Menschen ausgebildet werden und in welchen Ritualen sich diese auswirken. Gerade das frühe Erwachsenenalter wird hauptsächlich durch Freundschaften, Beziehungen und Wettbewerbssituationen beeinflusst. Kooperation und Rivalität stehen sich in der Sozialordnung gegenüber (Mück 2005). Der Veganismus junger Männer dagegen könnte über seine idealen Leitbilder, seine ideologischen Ziele und philosophischen Tendenzen zugleich in Phasen der Jugend und des Alters fallen. Moralismus oder Totalismus sind durch psychische und physische Stärke und Ausdauer in jungen Jahren wohl besser durchzusetzen, der Dogmatismus und die Ausschließlichkeit dagegen ist ein Ritus des Alters. Zu beachten ist hierbei auch das sozial geformte männliche Geschlecht. Die Grundstärken wie Wille, Entschlusskraft oder Kompetenz können bereits bis zur Phase des frühen Erwachsenenalters erworben werden, und selbst gewählte Riten bauen darauf auf.

Weder die Ausgangsposition noch der biografische Verlauf sind in postmodernen, pluralistischen Gesellschaften und bei Individuen gleich. Durch beschränkende oder befähigende Qualitäten der sozialen Struktur wird die Identität mitgeformt, und dennoch ist die biografische Entfaltung endlich (Rosken 2009: 73). Durch eine biografisch erlangte Kompetenz nach einer Auseinandersetzung mit normativen Traditionen ist es möglich, als Subjekt auf die kulturellen und sozialen Strukturen einzuwirken und Veränderungen zu erreichen. Biografisches Wissen wird somit modernisiert und revidiert traditionelle Handlungs- und Deutungsmuster. Es entstehen Wechselbeziehungen zwischen gesellschaftlichen Erwartungen und persönlichen biografischen Erfahrungen und Handlungen (Rosken 2009: 73ff). Normalbiografien weichen Wahlbiografien, und mit der hohen Differenzierung der Gesellschaft sind Menschen einerseits stärker abhängig von Institutionen, andererseits aber dennoch ständig gezwungen, sich neu zu entscheiden (Ruhe 2009: 135).

Verändertem Handeln geht ein vorhandenes Wissen voraus, dessen Erwerb abhängig ist von der dafür nötigen Zeit sowie der jeweiligen Situation. Darauf können die subjektiven Erfahrungen der eigenen biografischen Lebenswelt aufbauen, und sie bestimmen, welche Denk- und Handlungsprozesse sich für das Subjekt ableiten. Zuvor gemachte Erfahrungen werden eventuell neu interpretiert und kategorisiert (Rosken 2009: 85). Aufgestellte Hypothesen ziehen in Erwägung, dass Umbrüche und neue Lebenssituationen zuvor erlernte und praktizierte Ernährungsabläufe und -gewohnheiten stärker bewusstmachen, was zum Überdenken dieser führen kann. Das kann Normen, Verantwortlichkeiten, Zubereitungsarten, Rhythmen oder ganze Lebenseinstellungen betreffen (Brunner 2007: 120).

„Die konkreten inhaltlichen Kriterien der Auswahl der Optionen, Güter und Erlebnisse bleiben vielmehr dem Einzelnen und seinem aus der individuellen Lebensgeschichte mit ihren Erfahrungen, Bindungen, Zufällen und Einflüssen wohl teilweise psychologisch erklärbaren, aus sozialtheoretischer Perspektive aber weitgehend kontingenten Willen überlassen." (Eberlein 2006: 140) Die Frage nach einem für sich passenden Lebensstil, den man verantworten kann, wird häufig in Wendepunkten des biografischen Verlaufes gestellt (Eberlein 2006: 141). All diese einzelnen Faktoren werden in der jeweiligen Biografie neu kombiniert, und zusammen ergeben sie ein spezifisches Bild (Heindl 2000: 178).

„Selbst in der Krise werden wir nicht offener für Neues: im Gegenteil: Nur wenn es aufwärts geht, verspricht Veränderung Fortschritt. Geht es abwärts, wird sie als Bedrohung empfunden."

Jeff Mannes

3.2 Die biografische Krise

Erlebt ein Mensch eine biografische Krise, kann das zu einem Erschüttern und einem Zusammenbruch seines alltäglichen Lebensführungssystems führen, was auch die Kontinuität sowie Routinen gefährdet, die als sinnstiftend in der biografischen Entwicklung empfunden werden (Kudera 1995: 97).

In Abgrenzung zum medizinischen Krisenbegriff steht ein dramaturgischer, heilsgeschichtlicher Krisenbegriff für *„den Wendepunkt eines schicksalhaften Prozesses, in dessen Verlauf die Identität der Beteiligten an widerstreitenden Normen zerbricht oder aber die Beteiligten ihre Freiheit dadurch zurückgewinnen, dass sie eine neue Identität ausbilden."* (Borst 2006: 193) In Krisen wird zum Handeln gedrängt, Ziele und Werte sind bedroht und es ergeben sich zukünftige Konsequenzen durch die weiteren Handlungen (Hildenbrand 2006: 208). Der Begriff Krise wird bei den folgenden Ausführungen jedoch relativ negative Assoziationen aufkommen lassen, weshalb ‚Wendepunkt' oder ‚Umbruch' aufgrund von Schlüsselerlebnissen oder Einstellungen wohl die optimistischere Wortwahl wären, um die Auswirkungen auf und durch das Denken oder Handeln zu betrachten.

Gibt es eine solche Krise, die einen Wendepunkt darstellt, wenn sich Menschen für eine vegane Ernährungsweise entscheiden? Zwei Krisenarten werden unterschieden: Die *„traumatischen Krisen"* sind durch plötzlich eintretende unvorhersehbare Ereignisse wie Krankheit oder Unfall gekennzeichnet. Die *„normativen Krisen"*, die zu einer Veränderung im Leben führen, sind Umbrüche durch Heirat oder den Auszug aus dem Elternhaus. Sie stellen also auch Änderungen im Lebenszyklus dar. Wichtig hierbei ist zu erwähnen, dass der Umgang mit Krisen und Wendepunkten im Leben sowohl abhängig ist von der jeweiligen Situation, den erworbenen Eigenschaften des Menschen, wie auch von erlernten und gewählten Reaktionsmustern aus früher Kindheit (Borst 2006: 194).

Borst zitiert Scharfetters Krisendefinition als eine *„zugespitzte, angespannte Besorgnis, oft Angst weckende Lebenssituation. Jede Krise ist eine Zeit der*

Unsicherheit, des Ringens um Bestand und gleichzeitige Neuorientierung. Krise ist ein Abschnitt in einem biografischen Prozess, in welchem jedoch noch nicht klar ist, in welche Richtung dieser sich entwickeln wird. Jedenfalls enthält die Krise Wandlungsmöglichkeiten (...).“ (Borst 2006: 195; zitiert nach Scharfetter 2002: 13f)

Als übergeordneter Begriff lässt sich eine Krise auch im Wandel von Ernährungsverhalten als mögliche Erklärung nennen. Doch wie schöpft man die nötige Kraft dafür? Wo liegen die Chancen? Eine wesentliche Ressource stellt die Resilienz dar. So nennt man *„Handlungs- und Orientierungsmuster, die Individuen in der Konfrontation mit und zu der Bewältigung von widrigen Lebensumständen herausbilden. Diese Muster konstituieren den Kern autonomer Lebenspraxis“* und der Prozess dauert lebenslang an (Hildenbrand 2006: 205). Was unter ‚widrig' verstanden wird, ist eine Situation, Person oder eine Gesellschaft, die jemand gegen sich gerichtet hat, was sich äußerst ungünstig auswirkt. ‚Widrig' sind unvorteilhafte, nicht wünschenswerte Zustände für sich selbst oder für andere.

Beim Veganismus als unkonventionelle Ernährungsform, als unterrepräsentierte alternative Ernährungsweise, als gesellschaftlich noch nicht vollständig anerkannte Essmoral, muss es wohl im Biografieverlauf dieser Menschen zu resilienzfördernden Strukturen und Einflüssen gekommen sein. Wird von einer Aufrechterhaltung der veganen Ernährungsweise ausgegangen, ist Resilienz dringend nötig – als Grundlage und für die Zukunft –, um widrige Umstände zu meistern.

Was Sozialisationsforscher als Krisen des Lebenszyklus beschreiben, sind typische Stationen im Lebensverlauf: Geburt, Ablösung aus der Mutter-Kind-Symbiose oder Ablösung von der Herkunftsfamilie. Weiterhin kommen in Partnerschaften, Beruf oder sozialen Institutionen ausschlaggebende Ereignisse vor (Hildenbrand 2006: 209). Eine Krise oder ein Schlüsselereignis führen in Kombination mit Resilienz nicht zur Resignation und Verdrängung, sondern zur Wandlung oder zur Neukombination (Hildenbrand 2006: 205).

„Jeder Fortschritt und jeder Wandel in der Geschichte kommt von Nonkonformisten. Wenn wir keine Dissidenten hätten, lebten wir noch in Höhlen.“

Alan J. P. Taylor

3.3 Veganismus – ein unkonventionelles Verhalten ?

Die vegane Ernährungsweise stellt den Gegensatz zu traditionellen Gewohnheiten im Umgang mit Nahrung in unserer westlichen Kultur dar. Die moderne Entwicklung unterstützt in dieser Hinsicht ein Verhalten, das nicht mehr an traditionell-emotionale Entscheidungskriterien gebunden ist und entwurzelt wird. *„Bei der Integration von neuen/alternativen Ernährungsformen in den Alltag können Schwierigkeiten auftreten, die nur mit Abstrichen von Idealbildern zu bewältigen sind.“* (Astleithner 2007: 164) Im Falle einer veganen Ernährungsweise scheinen diese Schwierigkeiten in Kauf genommen zu werden oder durch erlernte Bewältigungsmuster kompensiert werden zu können. Neben der veganen Ernährungsweise spielt eine vegane Lebensweise, die auch andere Konsumgüter in den Boykott einschließt, eine große Rolle. Rational gesteuerter Konsum findet auf mehreren Ebenen statt. Auch Veganer sehen Ernährung und Lebensmittel nur als Teil eines *„eigenständige[n] Lifestyle[s]“* an. Veganismus bezieht sich auch auf Bekleidung, politische Arbeit und Gedankenausrichtungen (Grube 2009b: 40). Die Abstriche von Idealbildern werden in diesem Fall nicht vorgenommen, und es stellt sich aus biografischer Sicht auch hier die Frage: Wie kommt das?

Veganismus stellt eine recht unbekannte und innovative Ernährungsform dar, sieht man von den eher religiös und mythisch begründeten Asketen früherer Zeiten einmal ab. Die Massentierhaltung, die mechanischen, hochtechnischen Tötungs- und Melkvorrichtungen machen den Konsumverzicht und diese neue Ethik erst nötig. *„Die Natur als eine menschliche Verantwortlichkeit ist sicher ein Novum, über das ethische Theorie nachsinnen muß. Welche Art von Verpflichtung ist in ihr wirksam?“* (Jonas 2003: 27)

Das bloße Abschwören vom Fleischkonsum als moralisches Handeln reicht nicht mehr aus, um ein gutes Gewissen zu sichern. Neue Technologien, die durch den Menschen erschöpften Ressourcen und die abnehmenden Bindungen bringen neue Verantwortlichkeiten im Umgang mit Tieren, Umwelt und der Gesellschaft mit sich. Übertragen auf den Ernährungsbereich stellt der Veganismus als eine alternative, nachhaltige Ernährungsform daher eine

Innovation dar. Sie hat Vorreitercharakter. Wie bei neuen Produkten muss es auch hier Menschen geben, die sich dieser Ernährungsweise annehmen und sie erproben.

Jugendlichkeit und Männlichkeit, beides kann sinnbildlich mit Aktivität, Neugierde, Durchhaltevermögen, Standhaftigkeit, Trotzverhalten, Sturheit, Ehrgeiz und Risikofreude verknüpft werden. Das soll keineswegs eine ausschließliche Zuschreibung von Eigenschaften sein, jedoch ein möglicher Erklärungsversuch. Die Innovatoren werden als eifrig im Ausprobieren neuer Ideen beschrieben. Sie sind bereit, Risiken einzugehen, sind tendenziell jünger, haben einen höheren Status sowie eine bessere Bildung. Sie sind gewöhnlich belesen und ihr Wissen geht über das der Massenmedien und der landläufigen Kenntnisse hinaus. Neben Extrovertiertheit, sozialer Mobilität, Interessensvielfalt und Kontakten über die normalen Peergroups hinaus, besitzen die Innovatoren gute Kontakte zu wissenschaftlichen Quellen und Experten (Evans et al. 2006: 249). Der Schluss liegt nahe, dass junge, männliche Veganer allein schon in ihrem rein formalen Lebenslauf förderliche sozioökonomische Rahmenbedingungen aufweisen. Das zeigt sich auch bei quantitativen Studien, bei denen die Mehrheit der Veganer Abitur oder einen Hochschulabschluss hat (68%), beziehungsweise sich noch in der Ausbildung befindet (Grube 2009a: 110).

Eine innovative Ernährungsform soll eine Vereinbarkeit mit den individuellen Wertvorstellungen und Verhaltensmöglichkeiten aufweisen, sie soll relative Vorzüge gegenüber anderen haben, sie soll nach außen hin deutlich sichtbar und kommunikativ wirksam sein. Weitere Gründe für die Akzeptanz neuer Produkte und auch neuer Ernährungsweisen sind schnelle Erfolge, Einfachheit oder Benutzerfreundlichkeit sowie die Möglichkeit vorherigen Ausprobierens. Mit einem nur geringen zu erwartenden Risiko – körperlich, finanziell und sozial – steigt die Akzeptanz zusätzlich (Evans et al. 2006: 245). Unter diesen Aspekten sind biografische Einflussfaktoren und Wendepunkte zu untersuchen.

Der Übernahme einer neuen Ernährungsform geht eine Bewusstseinsbildung voraus, die das Interesse steigert, die Neuerung individuell bewertet, sie testet und auf die persönliche Tauglichkeit prüft. Bei Erfolg wird sie schließlich übernommen (Evans et al. 2006: 247).

Da es sich beim Veganismus um eine stark überdachte, wertorientierte Ernährungsweise handelt, kann man diese Handlungskette auch anders formulieren: Bewusstsein → Wissen → persönliche Tauglichkeit → Bevorzugung → Überzeugung → ‚Kauf' (nach Evans et al. 2006: 247). Sind diese Schritte auch in irgendeiner Form in biografischen Prozessen nachzuvollziehen?
Die Nahrungsmittelbeschaffung als weiterer determinierender Faktor spielt ebenfalls mit in die Ernährungssituation hinein (Neuloh/Teuteberg 1979: 94ff). Früher brachten Knappheit, fehlende finanzielle Ressourcen oder ein hoher Aufwand, was die Mobilität betrifft, das Problem mit sich, an bestimmte Produkte zu gelangen. Mit dem größer werdenden Warenangebot, der dauerhaften Verfügbarkeit und sinkenden Preisen könnte nun angenommen werden, dass eine gewünschte Ernährungsweise ganz einfach umgesetzt werden kann. Doch die Vielfalt hat ihre Tücken. Unüberschaubare, riesige Sortimente, unverständliche Kennzeichnungen, verschiedene Expertenmeinungen und Medieneinflüsse machen die Nahrungsmittelbeschaffung zu einem zeitaufwändigen Akt, bei dem fundierte Kenntnisse nötig sind. Vielleicht ist es auch daher denkbar, dass ein ökonomisches Verhalten, das von Knappheitssituationen herrührt, einem soziologischen, emotionalen und wertrationalen Verhalten weicht (Neuloh/Teuteberg 1979: 117).

3.4 Gewohnheiten, Erfahrungen, Umbrüche und Wendepunkte

Essverhalten wiederholt sich nicht ständig, sondern ist situationsabhängig. Mit Änderungen der Situation des Individuums werden auch Änderungen im Ernährungsverhalten möglich. Die äußeren Situationen und Gegebenheiten werden individuell gewichtet und wirken sich im Essverhalten aus (Pudel/Westenhöfer 2003: 54). Biografische Umbruchsituationen lösen häufig gewohnte, routinierte Handlungsmuster ab, da sie neue lebensweltliche Bedingungen schaffen. Änderungen ergeben sich bezogen auf den Körper, beispielsweise durch Wachstum, Krankheit oder Altern, auf die Umstände, wie den Beginn eines Berufes, die Gründung einer Familie, den Tod eines nahestehenden Menschen; oder die Veränderungen betreffen die Identität der Person selbst, ihre Werthaltungen und ihr Selbstbewusstsein (Hayn 2006: 138). Biografische Faktoren im (Ernährungs-) Lebensverlauf kommen gerade in den sogenannten sensiblen Phasen zum Tragen. Dabei sind personale Identitäten recht stabil, zeitlich-veränderliche Faktoren prägen und lagern sich als Übergangsschichten noch vor Umweltfaktoren, die als äußere Makroeinflüsse die Rahmenbedingungen stellen (Brombach 2000: 225f). In Wendepunkten kann es zum Spannungsabbau kommen, nachdem Diskrepanzen zwischen einem Idealbild und der Realität erkannt wurden. Alte Problemlösungsprozesse werden als nicht mehr effektiv erachtet und von neuen Möglichkeiten mit besserem Potenzial abgelöst. Man bekehrt sich zu einem neuen Lebensentwurf (Boyle 2007: 71). Die Entscheidung zum Vegetarismus oder Veganismus bezieht sich oft gar nicht auf einen konkreten Zeitpunkt in typischen lebenslaufbezogenen Umbruchsituationen. *„Ich begreife den Veganismus als einen Prozess. Ich glaube, da gab es gar keinen einschneidenden Punkt. Ich denke, das fängt irgendwo an, aber hört nicht unbedingt irgendwo auf.“* (Veganer, 25 Jahre) (Grube 2009b: 74)

3.4.1 Kindheit und Familie

„Wir verlieren (...) selten Präferenzen der Kindheit, wir können sie aber immer erweitern.“ (Methfessel 2004: 1ff)

Psychologische Erklärungen zu einem bestimmten Verhältnis zu Lebensmitteln im sehr frühen Kindesalter werden beispielsweise durch Anna Freud gegeben. Unterliegt die Einnahme von Mahlzeiten strengen Regeln und Zwängen, sinkt die Lust zu essen, darf das Kind frei und ungezwungen Nahrungsmittel selbst wählen, Mengen portionieren, also selbst tätig werden, selbstständig handeln, wird die Esslust gefördert (Rose/Schäfer 2009: 34). Der *„Wert des Essens liegt für das Kind darin, daß es sieht, wie viel Sorgfalt die Mutter darauf verwendet hat, es ihm zuzubereiten, während es selbst frei damit machen kann, was es will.“* (Rose/Schäfer 2009: 42) Es kann ein Gefühl von Verantwortungsbereitschaft ausgebildet werden, indem schon früh Mitwirkungsmöglichkeiten für die Mahlzeiten bestehen. Selbstvertrauen wird ausgebildet, wenn Bezugspersonen einem Kind Fähigkeiten oder Verhaltensweisen zutrauen. Demokratische Prozesse und das eigenverantwortliche Treffen von Entscheidungen können erlernt werden, und daran anknüpfend ist ein sorgsamer Umgang mit den entsprechenden Dingen oder Lebensmitteln zu beobachten (Rose/Schäfer 2009: 41).

Familie und Verwandte stellen in der qualitativen Studie von Grube für lediglich 13% der weiblichen Befragten den ausschlaggebenden Punkt dar, vegan zu werden, und für männliche Befragte sind es nur 2,9% (Grube 2009a: 121). Familie stärkt jedoch den Menschen, bietet Rückhalt und vorbehaltlose Annahme, auch bei nicht-gesellschaftskonformen Lebens- und Ernährungsweisen. *„Zuhause habe ich immer weniger Fleisch gegessen und irgendwann haben meine Eltern das auch akzeptiert. Sie akzeptieren auch, dass ich vegan lebe."* (Grube 2009b: 79) Selbst wenn innerhalb der Familie Streitereien oder abweichende Meinungen vorkommen, ist diese Form der menschlichen Beziehung wohl am stabilsten. *„Zuerst reagierten Familie, Freunde und Bekannte mit Befremden und Unverständnis auf meine neue Sichtweise. (...) Innerhalb der Familie wurde meine Sichtweise geduldet (...) ich war ja Mitglied der Familie. Mein Freundeskreis dünnte sich jedoch mehr und mehr aus."* (Grube 2009b: 122)

Das Loben und Anerkennen bestimmter Werthaltungen oder der veganen Ernährung lässt positive Gefühle aufkommen und motiviert – vielleicht auch unbewusst. *„Einmal sagte sie* [seine Schwester; Anm. d. Autors] *zu mir: ‚Vor Dir kannste aber wirklich den Hut ziehen!' (...) Ich mache das doch nicht, damit andere den Hut vor mir ziehen müssen."* oder *„Das hat mir übrigens auch mal einer gesagt: ‚ Das ist ja fast wie Mutter Theresa.' (Hans lacht)."* (Grube 2009b: 52f)

Förderlich hinsichtlich einer veganen Ernährung sind ähnliche oder gleiche Ernährungsformen und entsprechende Einstellungen in der Familie. *„T. hat noch zwei Brüder im Alter von zwei und zwölf Jahren sowie eine Schwester, die, wie seine Mutter (‚die beste Köchin'), mittlerweile Vegetarierin geworden sei."* (23-jähriger Musiker einer Hardcore-Band) (Schwarz 2005: 147) Die vegetarische Tante von B. (22 Jahre) versorgte ihn mit Gesundheits- und Fachbüchern und unterstützte somit die Entwicklung zum Vegetarismus von B. und seinem Bruder. Nachdem B. Veganer wurde, folgte sein Bruder, der zuvor schon Vegetarier war, ebenfalls dem Beispiel (Grube 2009b: 38f).

3.4.2 Jugend und Peergroup

Ganz stark wird in der Pubertät die Nahrungsmittelwahl als *„Alimentäres Rebellentum"* (Brunner 2007: 124) genutzt, um sich zum einen aus der Herkunftsfamilie zu lösen, sich abzugrenzen und zugleich neuen Bezugsgruppen zuzuwenden, die meist durch gleichaltrige Peergroups dargestellt werden.

Pubertäre Ausprägungen wie die Askese oder Essensverweigerung, die bewusste Auswahl von Fast Food oder Convenience-Produkten, die als ungesund betrachtet werden, machen deutlich, dass hier das Nahrungsmittel in der Funktion als Waffe gegen bestehende Strukturen genutzt wird. Dies wurde schon von Jacobsen als eine mögliche Wirkung von Nahrungsmitteln aufgezählt (Jacobsen 2004: 59). Der Prozess bis hin zur Entscheidung, vegan Leben zu wollen, wird in der jugendlichen Phase häufig durch Freunde oder Bekannte in Gang gesetzt, die sich vegetarisch oder vegan ernähren, durch das Lesen von Büchern, durch Aufklärungsschriften und Unterhaltungen mit Menschen. Mancher Veganer erhält seine Inspiration aus der Straight-Edge-Bewegung, einer Jugendkultur, die laute Hardcore-Musik hört und eine anständige Lebensweise ohne Drogen, Alkohol oder auch ohne tierische Produkte praktiziert (Grube 2009a: 79f). Musik und Vorbilder können inspirierend wirken. In einem Gästebucheintrag auf der Homepage eines veganen Rappers findet sich folgendes Zitat: *„Hallo Albino, heut´ ist wieder ein der mich besonders traurig macht, und ich am zweifeln bin. Ich höre gerade ein paar alte Tracks von Dir, die bauen mich auf und geben mir neuen Mut. Danke....Vegan forever !"* (‚Rayner' 2010)

Ein 32-jähriger Philosophiestudent erzählt, wie er durch ein Gespräch mit einer Kommilitonin – während er ein Schnitzel aß – über einen Vortrag zum Unrecht, das in Mensch-Tier-Beziehungen hingenommen wird und dem er auch theoretisch zustimmte, zum Vegetarier wurde. Drei Jahre später war es ein Gespräch mit einem anderen Studenten, dessen stimmige Argumente die vegane Ernährungsweise auslösten (Grube 2009b: 188).

Nach elf Jahren vegetarischer Ernährung lernte A. eine vegane Frau kennen, die ihm die ethischen Aspekte wieder ins Bewusstsein rief, ihn unterstützte und Austauschprodukte zeigte, mit deren Hilfe er auf nichts verzichten musste (Grube 2009b: 15).

B. wurde zusammen mit seinem Bruder und seinem besten Freund zur gleichen Zeit Vegetarier. Immer mehr Leute aus dem Freundeskreis ließen sich durch Diskussionen ebenfalls überzeugen. Durch eine Frau, die er kennenlernte, die in der folgenden Zeit selbst vegan wurde, ihn informierte und inspirierte, wurde er zum Veganer (Grube 2009b: 38f).

Bei der quantitativen Untersuchung von Grube stellt sich heraus, dass männliche Befragte mit 61,4% eher über Freunde und Bekannte zur veganen Ernährungsweise kommen als weibliche mit 37,7% (Grube 2009a: 121).

3.4.3 Junge Erwachsene, Ausbildung, Studium und Beruf

Einen wesentlichen Umbruch alimentärer Gewohnheiten stellen der Auszug oder die teilweise Abnabelung junger Erwachsener vom Elternhaus dar, wenn ein Studium oder eine Ausbildung begonnen wird oder wenn durch einen Beruf auch die selbstständige Lebensführung in einem eigenen Haushalt beginnt. Im Alltag kann die neue Situation daher erst einmal überfordern (Brunner 2007: 124). Ein 29-jähriger Veganer berichtet, er habe, als er noch bei seinen Eltern wohnte, kein Fleisch gegessen, mit dem Studium dann doch ab und zu wieder begonnen. Erst aus Gründen der Vernunft wurde er wieder zum Vegetarier (Grube 2009b: 14).

Mit der veränderten, unabhängigeren, selbstständigeren Struktur bietet die Ausbildungszeit auch neue Erfahrungshorizonte. Studien lassen vermuten, dass Veganer einen höheren Bildungsweg durchlaufen haben oder ein hohes Interesse zur Selbstaneignung von Inhalten besitzen und sich beruflich oder privat mit politischen oder sozialen Themen aktiv auseinandersetzen, beziehungsweise dadurch mit dem Veganismus in Berührung gekommen sind. In der Veröffentlichung von Angela Grube zeigen sich sozial geprägte Berufe oder Berufe mit höherem Bildungsniveau bei fast allen durch sie interviewten Veganern (Grube 2009a: 110f).

Bei diversen Interviews mit jungen veganen Männern zeigen sich exemplarisch einige Tätigkeitsbereiche: Betreiber eines Großhandels für vegane Lebensmittel, Studium der Soziologie und politischen Wissenschaft, Studium der Lebensmitteltechnologie (Schwarz 2005: 141ff).

3.4.4 Beziehungsstatus

Anstelle jugendlicher Rebellion kommt Nahrungsmitteln auch eine Bedeutung in der Übernahme von Ernährungsgewohnheiten zu, beispielsweise wenn Partnerschaften entstehen, ein gemeinsamer Haushalt gegründet wird und zwei verschiedene Ernährungsroutinen miteinander kombiniert werden. Im Vordergrund steht die soziale und emotionale Wertigkeit, Geselligkeit und

Liebe. Der Stellenwert der Mahlzeiten als Ausdruck dieses Konzeptes einer Lebensführung steigt an. In diesem biografischen Abschnitt kommen die Voraussetzungen ‚wechselseitige Anerkennung', ‚emotionale Zuwendung' und ‚soziale Wertschätzung' dadurch zum Ausdruck, dass die eigenen Präferenzen zugunsten der Wünsche der Partner oder Kinder zurückgesteckt werden, was gerade bei Frauen stärker der Fall ist. Männer dagegen übernehmen die – häufig in der Herkunftsfamilie erfahrene – weibliche Verantwortungsübernahme eher als Selbstverständlichkeit. Dennoch werden sie langfristig oftmals mit den weiblichen Präferenzen und Ernährungsorientierungen, beispielsweise gesundheitlichen Aspekten, konfrontiert (Brunner 2007: 125). Mit Essen wird zunehmend Freundschaft, Gemeinschaft, Liebe und Vertrautheit ausgedrückt, und die Einnahme von Mahlzeiten in Gesellschaft ist prägend für unsere biografische Entwicklung (Rose/Schäfer 2009: 37). Auch nach einer Heirat oder der Geburt von Kindern entstehen neue Ernährungsmuster im Familienhaushalt (Meier et al. 2004: 120f). Wesentliche Umbrüche in der selbstständigen Lebensführung und Ernährungsweise sind daher durch Änderungen in der Biografie, durch einen neuen Partner oder eine Heirat zu erwarten. Verhaltensweisen werden akzeptiert oder übernommen. Bei Veganern scheint eine idealistische Werthaltung auch zunehmend in der Beziehung im Vordergrund zu stehen. *„Mit seiner Freundin, die ebenfalls vegan und straight edge lebt, ist T. seit vier Jahren zusammen. Eine Beziehung mit einer Nicht-Veganerin würde ‚auf Dauer nicht gehen.'"* (23-jähriges Mitglied einer Hardcore-Band) (Schwarz 2005: 147) *„Durch meinen Lebensgefährten, der damals schon lange vegetarisch lebte, wurde ich mit meinem Umzug nach München zum Vegetarier,...". „Mein Freund wurde damals mit mir über Nacht zum Veganer."* (Veganerin, 35 Jahre) (Grube 2009b: 159f)

Singles dagegen scheinen sich unabhängiger für eine Ernährungsweise entscheiden zu können. Durch ein alleiniges Haushalten und Wirtschaften rücken zunehmend die Kompetenzbildung und die Auseinandersetzung mit dem Essen in den Fokus (Brunner 2007: 125). Nach Untersuchungen des SOEP (jährliche, repräsentative Befragung von Haushalten) tätigen Singlehaushalte unabhängig von weiteren Haushaltsmitgliedern ihre Einkäufe und entziehen sich somit eher familiären Einflussfaktoren (Volk-Uhlmann 2006: 350).

3.4.5 Einzelvorfälle im Lebenslauf

Skandale im Lebensmittelbereich haben sich in den letzten Jahren gehäuft und wurden über die Massenmedien auch wirksam verbreitet. Schlagworte rufen in den Erinnerungen der Menschen negative Assoziationen zu Eiern oder Rindfleisch hervor. *„Gammelfleisch: Schlachtabfälle einfärben; Illegale Fleischimporte aus China; Schlachtabfälle in Lebensmitteln; Umetikettiertes Hackfleisch bei real; Dioxine und PCB in Futtermitteln; Dioxine in Freilandeiern; Behörden lassen giftige Schafleber im Handel; Gift in Bioprodukten: Der Nitrofen-Skandal."* (Foodwatch 2010) So lauten die Schlagzeilen, die auf der Homepage der Verbraucherorganisation Foodwatch zu lesen sind.

Die Menschen sind Themen wie dem CO2-Fußabdruck, Glutamat, Gentechnik, Functional Food, Zusatzstoffen, Bio-Siegeln und vielem mehr über die Medien und den Lebensmittelhandel ungefiltert ausgesetzt. Nahezu überall lauern die Gefahren in den Lebensmitteln. Irreführung, Täuschung, Gesundheitsgefährdung oder Abzocke machen misstrauisch, überfordern und bringen ganz unterschiedliche Konsequenzen für den Konsumenten mit sich. Die Folgen sind unterschiedlicher Natur: Ignoranz, Resignation, Rebellion, Suche nach Hilfe in Politik, Forschung, Verbraucherorganisationen oder in gewohnten Strukturen, die über Sozialisationsprozesse erlernt wurden und Sicherheit vermitteln.

Reaktionen auf ein Erlebnis wie einen Lebensmittelskandal können in biografischer Hinsicht zum einen ein Beschaffen von Informationen von Experten für ein besseres Verständnis sein, zum anderen eine Reflexion und ein Vergleich mit bereits erlebten Situationen, aus denen sich das Individuum Ableitungen von Lösungsstrategien erhofft (Philipps 2008: 160). Lebensmittelskandale können zu Umbrüchen und Wendepunkten führen. Die alternative Auswahl natürlicher Produkte findet statt – gerade bei Vegetariern wird bewusst alternativ konsumiert – oder ein regionales Vertrauen wird ausgebildet. Man vertraut den institutionellen Kontrollen oder beschafft sich selbst Expertenwissen. In einigen Fällen wird auch auf das jeweilige Lebensmittel ganz verzichtet (Philipps 2008: 166).

Situationen, die wie ein ‚zündender Funken' wirken, können Auslöser für eine nachhaltige Ernährungsumstellung werden (Häußler 2002: 132). Die Kombination von individuellen Ressourcen, Lebenslagen und Persönlichkeitsmerkmalen bildet die von Person zu Person unterschiedliche Basis und stellt bildlich gesprochen das ‚Stroh' dar. Hier könnte auch der Begriff der biografischen Krise genutzt werden, die in einem Wendepunkt alte Normen hinter sich lässt und eine neue Identität ausbildet (Borst 2006: 193).

So berichten Veganer von Schlüsselerlebnissen, in denen ihnen ganz plötzlich klar wurde, woraus das Schnitzel auf dem Teller bestehe, unter welchen Qualen es produziert wurde und dass dies eigentlich nicht mit der eigenen Vorstellung von einem richtigen Handeln übereinstimmt. Der vegane Rapper Albino beschreibt nach dem Besuch auf einem Bauernhof mit verletzten, dreckigen Kälbern in dunklen Ställen, um die sich niemand kümmern wollte, seine biografische Krise. *„Ich glaube das war das erste Mal, dass ich diesem Desinteresse der Menschen bewusst begegnet bin und dass ich mich von dieser Gesellschaft und von meinen Mitmenschen völlig allein gelassen gefühlt habe."* (PetaKids 2010)

„Als ich dabei sein musste, wie ein Schwein geschlachtet wurde – es wurde erschossen, mit einem Direktschuss in die Stirn – war das ein traumatisches Erlebnis für mich, das ich nie wieder vergessen habe." (Veganerin, 36 Jahre) Doch erst 20 Jahre später wird diese Frau Vegetarierin (Grube 2009b: 134). Über ähnliche Erlebnisse berichtet ein weiterer Veganer: *„Mit 14 sei er ‚in die Materie eingestoßen', angeregt durch den Besuch eines Schlachthofes, (...) ‚Und ja, seit dem Tag bin ich fleischlos.'"* (23-jähriger Musiker einer Hardcore-Band) (Schwarz 2005: 147) Einige Veganer berichten, sie haben *„schon als Kind das Schlachten von Schweinen und Kälbern miterlebt"* und daher *„einen ganz anderen Bezug zum Fleischkonsum"* oder *„Wir haben auch geschlachtet zu Hause. (...) Das war damals Normalität."* Der Auslöser zum Vegetarismus sei aber erst eine Dokumentation im Fernsehen gewesen (Grube 2009b: 55; 154). Eine 27-jährige Veganerin erklärt, sie habe sich *„nie auch nur einen einzigen Gedanken darüber gemacht (...), ob Fleisch verwerflich sei (...) da ich es von Kindesbeinen auf kannte".* Ein Fernsehbericht über Tiertransporte und ein Wurstbrötchen in der Hand waren ihr Auslöser für den Vegetarismus (Grube 2009b: 167).

Hat der Schritt zum Vegetarismus jedoch schon stattgefunden, reichen auch kleinere Auslöser, die eine vegane Ernährungsweise mit sich bringen: *„Auslöser war für mich das Buch ‚Eternal Treblinka' von Charles Patterson."* (Veganer, 33 Jahre) (Grube 2009b: 155)

Eine 35-jährige Veganerin erklärt, ein Horrorvideo einer Schweinefarm brachte sie zwei Tage lang zum Weinen. *„Ich glaube, in der damaligen Nacht habe ich den Glauben an einen Gott endgültig verloren."* (Grube 2009b: 160) Eine 27-jährige Veganerin erlebte ihren zweiten ‚Auslöser' nach dem Surfen auf der Seite www.vegan.de und bemerkte, dass sie *„im Geiste pro-vegan argumentiere, aber noch nicht dementsprechend lebe."* (Grube 2009b: 168)

3.4.6 Weitere Einflussfaktoren

Was nachhaltige Ernährungsweisen betrifft, so wirken sich Umbrüche in der Biografie als förderlich aus, da mit ihnen Reflexionen und Sensibilisierungen in Ernährungsfragen einhergehen. Neben der Förderung von Ernährungskompetenzen von gesellschaftlicher und institutioneller Seite, sind auch die Entwicklungsstufen des Lebensmittelhandels und der Produzenten ausschlaggebend für eine stärkere Orientierung an nachhaltigen Ernährungsgewohnheiten (Brunner 2007: 128). Hinsichtlich der veganen Ernährungsweise finden sich auf beiden Ebenen bereits Ansätze, die den rein pflanzlichen Ernährungsstil ermöglichen, sowohl vor dem Hintergrund zahlreicher fundierter Informationen und Forschungsberichte, als auch über gekennzeichnete und verfügbare Alternativprodukte zu tierischen Erzeugnissen. Politische Ansichten, der Aktivismus in Tierrechtsgruppen sowie das Surfen im Internet auf Seiten wie www.peta.de oder www.vegan.de werden von mehreren Veganern als entscheidungsrelevante Hilfe oder Voraussetzung genannt (Grube 2009b).

„Nach und nach hat T. sich in den Themengebieten der Nutztierhaltung und der Ernährung vertieft, ‚Bücher gelesen' und ‚Gespräche geführt'." (23-jähriger Musiker einer Hardcore-Band) (Schwarz 2005: 147) Ein 43-jähriger Veganer berichtet, ihm wurde *„in mühsamer Selbstaufklärung – damals gab es noch keine Texte wie ‚Vegetarier sind Mörder', (...) – klar, dass Vegetarier durch ihren Konsum Vögel, Rinder und so weiter ermorden."* (Grube 2009b: 151) Eigeninteresse und Wissensaneignung helfen, Antworten auf ungeklärte oder zuvor kritiklos übernommene Gewohnheiten und kulturelle Maßstäbe zu finden. Mit dem Wissenszuwachs steigt die Eigenreflexion an und das Individuum beschäftigt sich mit dem biografischen Werdegang seiner Nahrungsgewohnheiten oder Einstellungen.

"Der große Sinn des Lebens liegt nicht darin, etwas zu wissen, sondern etwas zu tun."

Aldous Huxley

4. Become Vegan – ein Modell

Jung, männlich, vegan. Wie kommt das? Die bisherigen Ausführungen haben mehrere Aspekte aus der jeweiligen kulturellen, sozialen oder psychologischen Sicht beleuchtet und lassen einige generelle Überlegungen zu, die eine vegane Ernährungsweise begründen. Diese werden im folgenden Abschnitt genauer ausgeführt.

Es gibt Menschen, die von heute auf morgen ihr Leben und ihre Ernährung umstellen können, aber diese stellen eher eine Ausnahme dar. Eine Veränderung ist als Prozess und nicht als Produkt anzusehen (Krizmanic 1992: 35f). Es ist nicht der Körper, der rebelliert, sondern unsere Psyche verlangt nach einer bestimmten Nahrung, denn *„when you change your diet, you change what you communicate"* (Krizmanic 1992: 38).

Ein Modell von Merriman und Wilson-Merriman (2009: 4) zeigt, dass eine relativierende innere Einstellung als Voraussetzung für die Übernahme einer vegetarischen Ernährungsweise sofort oder um eine Wartezeit verzögert erfolgen kann. Das betrifft die Zeit des Erstkontaktes mit der Thematik bis zur innerlichen Annahme. Die Ernährungsform des Vegetarismus als Handlung kann ebenfalls spontan oder gut überdacht umgesetzt werden. Das betrifft die Ausprägung von Spontaneität oder Planung in der Umsetzung (Merriman/Wilson-Merriman 2009: 4). Für den Veganismus lässt sich vermuten, dass sofortige Handlungsänderungen eher eine Ausnahme zu sein scheinen.

Faktoren, die den Erfolg bestimmen, sind laut dem Medizinprofessor John Foreyt prozessbegleitende Gefühle des Wohlseins. Psychisches und physisches Wohlbefinden, positive Geschmackserlebnisse und das Zuordnen dieser Gefühlslage zu einer – in diesem Fall vegetarischen oder veganen – Ernährungsweise fördern die langfristige Aufrechterhaltung und erfolgreiche Ernährungsumstellung (Krizmanic 1992: 39). Als Vegetarier lernt man schon in der Phase vor dem Veganismus, mit schwierigen Situationen umzugehen, Mahlzeiten mit anderen Menschen zu meistern und dadurch Selbstvertrauen auszubilden. Das kann im Nachhinein sowohl als positives Gefühl prägend

wirken, als auch als Kompetenzgrundlage für eine vegane Ernährungsweise dienen (Krizmanic 1992: 40).
Die Hypothese von McDonald (2000) wird in Darstellung 6 im Fließschema abgebildet. Sie geht davon aus, dass der Mensch einen Lernprozess durchläuft, mit dem auch seine Weltanschauungen verändert werden und wodurch sich eine vegane Ernährung ableiten lässt (McDonald 2000: 5ff). Glaubenssätze sind die Grundlage für künftige Handlungen. *„Definitions are the building blocks of future deviant behaviour. (...) And this acquisition happens through a process of learning."* (Boyle 2007: 125)

The Process of Learning to Become Vegan

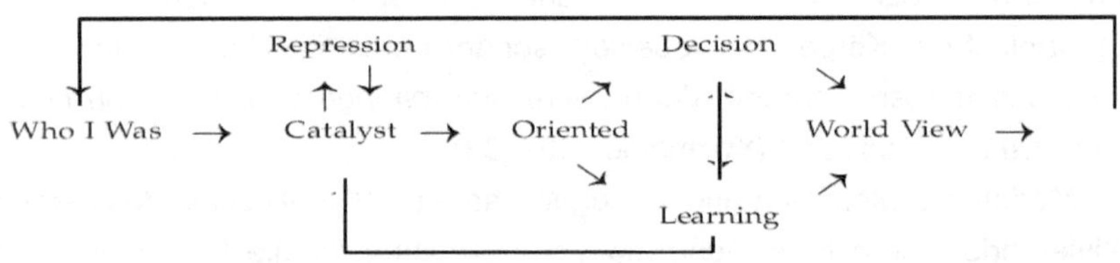

Darstellung 6: The Process of Learning to Become Vegan (McDonald 2000: 5)

Die individuellen Hintergründe und Erfahrungen in der Kultur und die eigene Persönlichkeit stellen die Ausgangsposition dar. Einflüsse können ebenfalls schon früh von tierlieben Menschen der näheren Lebensumwelt ausgehen (McDonald 2000: 5ff). Im weiteren biografischen Verlauf finden sich immer wieder Auslöser (‚Catalyst'), die in vielen Fällen in einer Repression enden und ignoriert werden. Informationen werden unterdrückt, im Hinterkopf allerdings gespeichert. Es ist jedoch möglich, sich neu auszurichten, Neues dazulernen zu wollen oder sich sogar in unmittelbarer Folge anders zu entscheiden und zu einer überdachten Weltanschauung zu gelangen. In den meisten Fällen handelt es sich hierbei jedoch um einen längeren Lernprozess, der mehrere Auslöser vermuten lässt. Auf dem Weg zum Veganismus können dies Informationen zur Ausbeutung von Tieren sein. Diese wurden anfangs erfolgreich unterdrückt und werden im Laufe der Zeit über neue Erkenntnisse,

Gespräche, Dokumentationen oder sogar vegane Rezepte erst später wieder in Erinnerung gerufen. Erst dann scheint es möglich, danach zu handeln (McDonald 2000: 8f). Die ersten auslösenden Momente für den Reflexionsprozess sind meist mit Emotionen beladen – häufig negativen wie Trauer, Wut oder Schuld. Der Wissenserwerb, der einmal stattgefunden hat, kann nicht mehr rückgängig gemacht werden. Gerade an Negatives erinnert man sich später leicht wieder. Dem Veganismus geht tendenziell eine eher rationale und vernunftgeleitete Entscheidung voraus, die zuvor gründlich abgewogen wurde (McDonald 2000: 10; 19ff).

Um die typischen, kulturell erlernten Verdrängungsmechanismen zu überwinden, sind Persönlichkeitsmerkmale und Charaktereigenschaften nötig, wie beispielsweise der starke Lernwille oder die Offenheit für Neues. Informationen, die das Bewusstsein für den Veganismus und die Notwendigkeit eines Handelns aufzeigen können, muss man erst *„suchen"*, da es sich nicht um *„front page news"* handelt (McDonald 2000: 11). Der Begriff des Lernens bezieht sich einerseits auf das Lernen über sich selbst und andererseits auf ein zielgerichtetes Lernen, das über Diskussionen, Lektüren, Nachdenken – alleine oder im kommunikativen Austausch mit Freunden oder Familie – stattfinden kann. Wenn der Prozess bereits weit fortgeschritten ist, kann ein einzelnes Buch genügen und zum Umbruch führen. Ein emotionales Erlebnis, das als Auslöser wirkt und dem nur eine kurze Orientierungs- und Lernphase folgt bis es zur Handlung kommt, ist zwar möglich, aber typisch sind weniger emotional behaftete, längere Lernphasen, die am Ende nur einen logischen Schluss zulassen, nämlich den Veganismus. Er stellt das fehlende Puzzleteil dar auf der Suche nach konsistentem Wissen und Handeln (McDonald 2000: 14f).

Das Lebensprojekt Veganismus erfolgt nur nach erfolgreicher Kombination von kommunikativem und instrumentellem Lernen. Wichtig sind zum einen die reflektierten philosophischen Grundlagen oder Fakten über Tierausbeutung und Ernährung und zum anderen die Kompetenzen und Fähigkeiten, die ausgebildet werden, beispielsweise was das vegane Kochen oder Lesen von Zutatenlisten angeht (McDonald 2000: 21). *„Vegetarianism is not a static phenomenon. It is fluid in its development of both eating practices as well as reasoning. The behavior of eating can morph and shift with the passage of* *time, the development of problems, or the comfort level of the person."* (Boyle 2007: 147)

Aufbauend auf dem Modell von McDonald lässt sich zusammen mit den bisher ausgeführten theoretischen Grundlagen ein adaptiertes, präziseres Modell entwickeln (siehe auch Darstellung 7):

Während einer ersten Stufe, der ***passiven Sozialisation***, wird man durch die Kultur und Gesellschaft geprägt. Die heutige Ökonomie weist bereits Notwendigkeiten einer neuen Ethik und die Steuerung dieser über den Konsumverzicht auf. Die Ökologie ist geprägt von Massentierhaltung, erschöpften Ressourcen und neuen Technologien. Im sozialen Bereich muss sich der Mensch ständig mit Verpflichtungen und Verantwortungsübernahmen auseinandersetzen. Abnehmende Bindungen, die Familie, Religion oder Beruf betreffen, können Ursache für eine Sinnsuche sein und den Drang nach dem Austesten innovativer Ansätze stärken. Wichtig in einer veganen Biografie scheint der Rückhalt in der Herkunftsfamilie oder über soziale Netzwerke zu sein. Als förderlich hinsichtlich einer späteren vegetarischen oder veganen Ernährung können sich auch Erfahrungen mit Nutz- und/oder Haustieren oder erlebte Schicksalsschläge erweisen, sowie die erfahrene Wertschätzung von Lebensmitteln, beziehungsweise der besondere Stellenwert der Ernährung. Die in der Kindheit erlernten Umgangsformen bei Mahlzeiten, der Zusammenhalt unter Geschwistern oder das emotionale Bewusstsein, das zum Beispiel über eigene Haustiere erlangt wurde, können die Grundlage für die Sensibilität in den jeweiligen Ansätzen bilden. Erfahrungen der Hilflosigkeit oder Ohnmacht rufen widrige Umstände ins Bewusstsein und initiieren eine Suche nach Lösungsstrategien. Ein förderlicher sozioökonomischer Status lässt sich aus vielfältigen Netzwerken oder möglichen Kontakten zu Experten, einer guten Bildung oder einer sozialen Ader in Ausbildung, Beruf, Studium, Ehrenamt oder Ähnlichem herleiten. Dennoch ist eine weiterführende selbstständige Wissensaneignung über die Massenmedien oder entsprechende Literatur unumgänglich. Für die Zielgruppe junger Männer ergeben sich folgende Überlegungen zur Förderung einer veganen Ernährungsweise: Jugendlichkeit bringt tendenziell Eigenschaften wie Aktivität, Neugierde, Durchhaltevermögen, Trotz, Sturheit, Risikofreude und Unabhängigkeit mit sich. Männlichkeit und das, was im sozialen Kontext als männlich gilt, deutet auf physische und psychische Kraft und Ausdauer hin, sowie auf Ehrgeiz und weniger

Kompromissbereitschaft. Generell ist eine Persönlichkeit zu erwarten, die sich durch Extrovertiertheit, Offenheit, Eigenmotivation und reflexives Denken auszeichnet. Die vorherige Weltanschauung, der die passive Sozialisation und die gegebenen Rahmenbedingungen zu Grunde liegen, wird nach einem oder mehreren Auslösern überdacht. Auslöser stellen in dieser Stufe meist neue Handlungsoptionen aufgrund von biografischen Einflüssen oder ein von außen initiierter Handlungsdruck dar. Zu diesem Zeitpunkt bereits erworbene Charaktereigenschaften wie Resilienz durch Rückhalt in der Familie oder bei Freunden dienen als Basis. Die vorhandenen Grundkompetenzen sind erweiterbar.

In einer zweiten Stufe beginnt die ***vegetarische Sozialisation***. Ein konkretes Schlüsselerlebnis, in das die Person zufällig oder unbewusst über andere Interessen hineingeraten ist, regt zum Nachdenken an. Auch dieses Ereignis wird tendenziell von der äußeren Umwelt herangetragen oder findet in der Umgebung der Person statt. Es kann als biografische Krise begriffen werden. Der Denkprozess startet und greift Erlebtes aus früheren Zeiten wieder auf. Die sich formende Gesellschaftskritik, die Abgrenzung oder das bevorzugte Handeln nach moralischen Grundsätzen braucht zu diesem Zeitpunkt noch eine Rechtfertigungsgrundlage für das eigene Gewissen und zur persönlichen Identitätsfindung. Für diese Sinnsuche ist eine Legitimation durch die Gesellschaft förderlich. Der gedankliche Prozess kann sich über eine Zeitspanne von wenigen Sekunden bis hin zu mehreren Jahren ziehen. Bislang erlebte Situationen werden nicht mehr verdrängt, woraus sich neue Verhaltensnotwendigkeiten ableiten lassen. Gerade negativ erlebte, einzelne Ereignisse wie Lebensmittelkrisen oder Medienberichte, aber auch positive soziale Erfahrungen durch Vorbilder oder Gespräche mit Vegetariern oder Veganern, lassen das Interesse ansteigen und bilden ein emotionales Bewusstsein aus. Der Umgang mit Nahrungsmitteln oder Tieren wird reflektiert und neu bewertet. Innerhalb dieser zweiten Stufe bildet sich die Übernahme der vegetarischen Ernährungsform heraus, was als Testlauf angesehen werden kann. Entscheidend für den weiteren Prozessverlauf sind die dadurch erlebte einfache Umsetzung und das Erfahren von schnellen Erfolgen, Anerkennung, Lob oder Akzeptanz. Damit wird eine anhaltende Motivation geschaffen. Der Vegetarismus sollte sowohl mit der individuellen Werthaltung als auch mit der alltäglichen Lebensführung zu vereinbaren sein. Weiterhin wirken sich die re-

lativen Vorzüge zusammen mit dem geringen Risiko in körperlicher, finanzieller und sozialer Hinsicht förderlich aus. Mit der Wissensaneignung entstehen neue gedankliche Verbindungen vom Tier zum Fleisch, und die rationalen Fakten liefern eine entsprechende Legitimation für das emotionale Bewusstsein. Darüber hinaus können über Peergroups, Familie oder Freunde oder über neue Settings wie beispielsweise eine Musikszene, Unterstützung, Toleranz oder Inspiration gestiftet werden. Möglicherweise wandelt sich der Freundeskreis. Mit der Zeit stehen Streitereien und Diskussionen über Ernährungsthemen nicht mehr im Mittelpunkt und im Umgang mit der neuen Ernährungsweise und Werthaltung bilden sich Gewohnheiten aus.
Zusammenfassend kann die vegetarische Sozialisation gemeinsam mit einer Erweiterung der Grundkompetenzen einer Persönlichkeit für mehr Unabhängigkeit sorgen, zu einer innerlichen und äußerlichen Abkehr von Traditionen führen und die individuellen Charaktereigenschaften deutlicher nach außen hin sichtbar machen. Der Prozess kann hier enden. Im adaptierten Modell ist allerdings eine Erweiterung unter bestimmten Umständen vorgesehen.
In einer dritten Stufe kommt es zu einem weiteren Schlüsselerlebnis. Ein erneuter, meist provozierter Auslöser oder das bewusste Aufsuchen von bestimmten Situationen können zur Weiterentwicklung des Erfahrungshorizontes führen. Die ***vegane Sozialisation*** findet statt und die Person lässt sich darauf ein. Die Vorgehensweise des bereits durchlaufenen Denkprozesses wiederholt sich, jedoch erfolgt die Auseinandersetzung intensiver und die Auswirkungen sind konsequenter und risikofreudiger. Bei der Entscheidung für die vegane Lebensweise orientieren sich Menschen stärker an Freunden und Bekannten, von denen viel Unterstützung, aber auch Konformitätsdruck ausgeht. Netzwerke oder Massenmedien wie das Internet (PETA, vegane Seiten) bieten zahlreiche Hilfsstrukturen und unterstützen das Selbststudium. Mit entsprechender Literatur findet eine tiefere Recherche statt. Die Übernahme des Veganismus ist tendenziell stärker von kognitiven und rationalen Beweggründen geprägt. Förderlich wirken sich auch eine entsprechende Eingebundenheit durch die Berufs- oder Ausbildungswahl oder durch Tierrechts- oder Musikgruppen aus. Die vegane Ernährung wird als identitätsstiftender Weg für sich selbst übernommen, sie wird als sinnhaft empfunden und ist möglicherweise eine Lösungsstrategie für eine biografische Krise. Zur langfristigen Aufrechterhaltung des Veganismus dienen Kompetenzen, Erfahrun-

gen und Resilienz. Dennoch ist das ‚Veganwerden' ein dynamischer Prozess, der immer auch Rückkopplungen zur traditionellen Weltanschauung aufweist und aktive Persönlichkeitsmerkmale zur Aufrechterhaltung dieser Ernährungsweise benötigt.

5. Biografieforschung und -arbeit

Bios gr. steht für ‚Leben' oder ‚Lebensform', *grafe* von *graphein gr.* steht für ‚beschreiben'. Somit beschreibt die Biografie eines Menschen dessen Leben oder Lebensform und die Biografieforschung hat es sich zur Aufgabe gemacht, diese zu entziffern (Klein 2008: 55). Dennoch, *„Biografien sind immer Fragmente. Immer wird eine bestimmte Perspektive gewählt, werden Lebensschwerpunkte herausgearbeitet, kann die Vielfalt von Lebensvollzügen nicht in einzelnen Beschreibungen festgehalten werden."* (Ruhe 2009: 134)
Das Subjekt, also der Mensch als Einzelner, erfasst und begreift Erlebnisse, Erfahrungen und Handlungen auf seine eigene Art. Dabei versteht man unter Erlebnissen *„thematische Kerne, die sich im Bewusstseinsstrom abheben"* und unter Erfahrungen *„Erlebnisse, denen das Ich seine Aufmerksamkeit zuwendet"*, die spontan und durch die externe Lebensumwelt bewirkt werden. Handlungen ergeben sich aus geplanten und gesuchten Erfahrungen und stellen *„Erfahrungsabläufe, die einem Entwurf folgen"* dar (Portmann 2008: 265).
Die subjektive Bedeutung des Konsums tierischer Lebensmittel als eine negative Konsumenteneigenschaft, die bewusst oder unbewusst auf Ausbeutung und Tötung abzielt, ist in unserer Gesellschaft allerdings kein wirksames Muster, das von anderen übernommen wird. Der Bedeutungswandel des Fleisches, der Milch oder anderer tierischer Produkte betrifft bisher sehr wenige Menschen und ist daher nicht in der dominierenden Ernährungskultur verankert. Wie ergeben sich diese Deutungsmuster aber bei den Veganern? Aus welchen Erlebnissen und Erfahrungen ergeben sich für sie beabsichtigte Handlungen? Wie kommt es dazu, dass sie ihre unkonventionellen Deutungsmuster in den Ernährungsalltag integrieren und kommunizieren? Zur Beantwortung dieser Fragestellungen kann die Biografieforschung hilfreich sein. Biografieforschung stellt einen Ansatz der Sozialwissenschaften dar, der sich weniger mit Systemen oder der bestehenden Struktur beschäftigt und vielmehr die Alltagslebenswelt in den Fokus rückt. Durch die pluralistische und moderne Lebensführung der heutigen Gesellschaft werden Fallstudien, auch in Form untersuchter Biografien, als Möglichkeit angesehen, individuelle Handlungen und die Steuerung durch Institutionen in einen Zusammenhang zu bringen. Biografieforschung versucht zu verstehen und zu deuten, woraus

Menschen ihren Lebenssinn erlangen, wie sie mit Problemen, Brüchen oder Veränderungen umgehen (Gudjons/Wagener-Gudjons/Pieper 2008: 15). Der rote Faden, der sich durch das Leben zieht, soll aufgezeigt werden. Knotenpunkte und Entscheidungen im Verlauf werden dabei herausgearbeitet und für die bessere Nachvollziehbarkeit von Entwicklungsschritten interpretiert. Damit kann das bisherige Leben eher begriffen und erklärt werden (Vogt 1996: 48). Für beide Betrachter, den Zuhörer und den Erzählenden, soll der Sachverhalt gleichermaßen nachvollziehbar sein. Die Intersubjektivität und Empathie erleichtern das Aufzeigen von Wertschätzung und Autonomie. Festgelegte Standards wie Zuverlässigkeit, Vertraulichkeit, Sensitivität und Reflexivität sind einzuhalten, und damit werden sie als Basis für eine erfolgreiche biografische Begleitung und Gestaltung angesehen (Jansen 2009: 28). Die Methode des biografischen Interviews gilt als einfachste Form der Biografiearbeit. Der Untersuchungsteilnehmer erzählt seine Ernährungsbiografie und beschreibt, was sich verändert hat oder gleich bleibt. Daran schließt sich eine Analyse an (Brunner 2007: 121). Durch das Erzählen – was viele Menschen von sich aus gerne machen – erinnern sie sich (Heindl 2000: 181). Das *„Biografische Erzählen“* mit dem Sprechen durch den zu erforschenden Menschen steht für das Grundbedürfnis, sich anderen mitzuteilen, angenommen und integriert zu werden (Ruhe 2009: 10). Bei der Interviewführung ist zu beachten, dass weder Widersprüche noch Korrekturen erfolgen sollen, sondern empathisches, respektierendes Bejahen, Nachfragen und ständiges, aufmerksames Zuhören. Das gegenwärtige Erleben der Situation spielt eine Schlüsselrolle (Ruhe 2009: 13). Für die eigene Biografiearbeit sollen kreative (*creare lat.* ‚schaffen, erzeugen') Methoden genutzt werden, um die Erinnerung zu fördern (Hölzle 2009: 81). Darunter fallen Übungen mit Musik, mit Farben, mit spielerischen Aufgabenstellungen genauso wie das einfache Erfragen von Einstellungen (Ruhe 2009).

5.1 Dimensionen der Biografieforschung und der biografischen Erfahrung

Der makrosoziologische Ansatzpunkt der Institutionalisierung befasst sich mit der gesamten Gesellschaft, die das Individuum umgibt und auf sie einwirkt. Die Ebene der Individualisierung wagt einen mikrosoziologischen Blick auf die Sozialisation und die Werteaneignung des Individuums im biografischen

Verlauf. Somit beeinflusst neben Demografie, Rollenwandel, Lebenszyklen, Traditionen und Generationen auch die Platzierung des Subjektes in diesem Gefüge den Verlauf einer Biografie (Vogt 1996: 40). *„Die individuelle Lebensgeschichte wird gesehen als ein letztlich sinnhaftes Ganzes, das weder schicksalhaft vorherbestimmt ist noch ausschließlich durch willkürliche Zufälle geprägt wird, sondern dessen Sinnhaftigkeit individuell erfahren und gefüllt werden kann."* (Vogt 1996: 46) Die rein äußerlich sichtbare Seite der Biografie eines Menschen stellt der Lebenslauf mit all seinen Daten und Fakten dar. Geburt, Einschulung oder Berufsleben präsentieren die offensichtliche Form. Ergänzend dazu kommt die innere Seite der individuellen Lebensgeschichte. In ihr werden Gefühle, Wünsche und Fantasien ausgedrückt, die unser Selbst prägen (Schön 2003: 19). Ernährung mit ihrer herausragenden Bedeutung für die Biografie ist stets verbunden mit dem Lebensstil, Werthaltungen, persönlichen Präferenzen und eigener Verantwortung. In der Biografiearbeit können Unterschiede zu den Wertvorstellungen anderer und die individuelle Bedeutung der Ernährung thematisch behandelt werden (Schön 2003: 21).
Ziel ist das *„Verstehen und Erkennen verallgemeinerbarer Zusammenhänge"* (Methfessel 2003: 38).

5.2 Selbstthematisierung in der Biografiearbeit

In der postmodernen Gesellschaft wird Selbstthematisierung als Trend aufgegriffen und abhängig vom Milieu (Alter, Geschlecht, Status) in verschiedenen Formen umgesetzt. Auskünfte über sich selbst werden beispielsweise gegeben in der Form eines Tagebuches, einer Talk-Show, Chatrooms oder in einem biografischen Interview. Nicht mehr lediglich als wichtig empfundene Ereignisse in einer Biografie, sondern ganz zufällige biografische Situationen regen an, das bisherige Leben genauer zu betrachten. Neue Ziele und Möglichkeiten werden aufgezeigt und motivieren zur Selbstreflexion (Schroer 2006: 41). Ein humanistisch-ganzheitliches Menschenbild stellt die individuelle Verantwortung trotz zeitgeschichtlicher und kultureller Eingebundenheit in den Vordergrund der Biografiearbeit (Vogt 1996: 46). Dies entspricht der Aussage, dass *„Menschen einerseits durch makrosoziologische Zusammenhänge wie Geschichte und Kultur geprägt werden, andererseits jedoch individuell eigenwillige Wege finden und beschreiten, um Lebenssituationen zu bewältigen und zu verarbeiten."* (Methfessel 2003: 32)

Da unverbindliche, selbstverantwortliche Verhaltensweisen den ökonomischen Strukturen, solidarische Verpflichtungen dagegen eher den staatlich-politischen Strukturen zugeschrieben werden, kann die eigene Position in der gespaltenen, pluralistischen Gesellschaft leicht desorientierend wirken. Heimatlosigkeit, Fremde und nichtselbstverständliche Lebenszusammenhänge erschweren die Selbstdefinition des Individuums. Biografieforschung und biografische Arbeit mit dem Einzelnen werden daher nötig, *„wenn das ‚Ich' einer Erläuterung und der Anerkennung bedarf, wenn die Gesellschaft keine selbstverständlichen Plätze zuweist oder zur Verfügung stellt."* (Ruhe 2009: 9) Im Falle einer veganen Ernährungsweise stellt diese Ernährungsform keine Selbstverständlichkeit dar, und die dazugehörige Entscheidungsgrundlage ist nicht nur für viele andere erklärungsbedürftig, sondern muss auch zusammen mit der eigenen Identität erklärt, gefestigt und anerkannt werden.
Die Ausdifferenzierungen der Gesellschaft, das viele Expertenwissen, das für jedes Themengebiet verfügbar ist und die Defizite, die sich daraus ergeben, sollen durch eine biografische Arbeitsweise wieder speziellere Ergebnisse liefern (Ruhe 2009: 10). Veganismus beruht wohl auf reflektierter, gesteuerter und kontrollierter Lebensführung. Die Traditionen werden hinterfragt. Weiterhin sind eher strategische Aspekte im Vordergrund, da bewusst, zweckrational und dennoch mit Genuss konsumiert und gegessen wird. Die Kontinuität und wiederkehrende Reproduktion sind auch beim Veganismus nötig, da eine ständige Neugestaltung von Gewohnheiten, die mühsam erarbeitet wurden, sehr viel Zeitaufwand und Handlungsoptionen voraussetzen würde (Kudera 1995: 91).

5.3 Probleme und Grenzen der Biografieforschung

Deutungsmuster von Codes, die Lebensmittel oder Ernährungsmuster besetzen, wie beispielsweise *„Männer essen viel Fleisch"*, und Glaubenssätze wie *„Fleisch macht groß und stark"* werden in einer Kultur weitergegeben und sind vielen bekannt. Trotzdem gibt es Menschen, die durch eigene Erlebnisse oder Erfahrungen die gleichen Lebensmittel oder Essgewohnheiten mit anderen Aspekten in Verbindung bringen: *„Fleisch ist ein totes Tier."* Dieser subjektive Faktor muss gerade bei der Biografieforschung stark berücksichtigt werden. Um ihn sichtbar zu machen, muss jedoch der Teilnehmer darüber reden und seinen individuellen Code einer Mahlzeit, eines Lebensmittels greifbar machen. Im Interview besteht die Gefahr, dass diese subjektiv unkonventionelle Deutung nicht bemerkt wird (Portmann 2008: 274).

Die Komplexität im Ernährungsbereich besteht darin, dass die Subjektivität nicht nur auf die Ernährung zurückzuführen ist, sondern immer die Lebensbezüge einschließt, die in der biografischen Arbeit mit einzelnen Personen herausgearbeitet werden müssen (Portmann 2008: 275). Die Erinnerung ist *„ein komplexes und kompliziertes Konglomerat der Reproduktion von vergangener Wirklichkeit, dem Erleben dieser Wirklichkeit, dem Speichern dieses Erlebens, des Zugriffs auf das Gedächtnis und der Intentionen des Zugriffs."* (Ruhe 2009: 11)

Schwierigkeiten können auch direkt von der zu untersuchenden Person und ihrer Geschichte ausgehen. Durch die geringe Vertrautheit zwischen Zuhörendem und Erzählendem besteht die Gefahr, dass durch Scham oder fehlende Nähe der biografische Erzählfluss behindert oder unterdrückt wird (Ruhe 2009: 7). Versagensängste und damit einhergehende verschwiegene Tatsachen oder Gefühle lassen die Biografie fragmentarisch erscheinen (Ruhe 2009: 13). Wichtig in der Biografiearbeit ist eine neutrale Haltung, die lediglich aus Protokollieren, Beobachten und Untersuchen besteht, um somit wertfrei und ohne Vorurteile die Tatsachen aufzunehmen und nicht vorschnell zu kategorisieren (Gudjons/Wagener-Gudjons/Pieper 2008: 19).

Fehler können sich bei der Biografieforschung gerade durch den Analysierenden leicht einschleichen. Denn seine persönliche Sicht und die Auslegung des biografischen Verlaufes eines Menschen können sich mit der immer stärker werdenden Empathie während einer Textanalyse oder eines Gespräches verändern (Kraft 2008: 45).

Kraft nennt in seiner kritischen Würdigung der psychoanalytischen Biographik mehrere Fehlerquellen, die durch den Analytiker zu beachten sind. Jedes Denken geht auf ein in früher Kindheit erlerntes Muster zurück und führt zu individuellen Denkprozessen, die auch bei der Interpretation einer Biografie angewandt werden. Nicht immer können theoretische Fragestellungen lückenlos beantwortet werden oder es zeigen sich sogar Widersprüche zu zuvor angestellten Überlegungen auf, die durch den Analysierenden frei ergänzt oder gänzlich beiseitegelassen werden. Des Weiteren sollen verschiedene Perspektiven eine zu enge Sichtweise verhindern und eine bestmögliche Strukturierung und Aufarbeitung des Lebensverlaufes ermöglichen (Kraft

2008: 45). Ein Problem der biografischen Arbeit mit Individuen besteht in der Berechtigung, aus den Ergebnissen Schlüsse abzuleiten, die in eine allgemeine Form überführt werden oder als beispielhafte Darstellung dienen sollen (Portmann 2008: 275). Aussagen sollen zuerst vertieft und nicht verallgemeinert werden, wofür fachliche, soziale und methodische Kompetenzen bei der Anwendung der biografischen Methoden wichtig sind (Methfessel 2003: 39). Biografien sind immer individuell und die ‚Normalbiografie' gibt es in der modernen Lebensstilgesellschaft so nicht mehr (Gudjons/Wagener-Gudjons/Pieper 2008: 15).

Erfahrungen und Verarbeitungsprozesse sowie Empfindungen sind subjektiv und nicht auf allgemeine Aussagen reduzierbar. Die soziale Formung wird deutlich durch diskontinuierliche und brüchige Biografien, die über Deinstitutionalisierungsprozesse oder Umbrüche gefördert werden. Jede erzählte Essbiografie ist abhängig von dem körperlichen Zustand, der Psyche und der individuellen Sinneswahrnehmung (Brunner 2007: 119). Das Herausstellen psycho-sozialer Bezüge und das Auffinden von Zusammenhängen zwischen mehreren Biografien sind komplexe Vorgänge. Nicht beachtete Gefühle bei Veränderungsprozessen in der Essbiografie erschweren das Lernen aus einem Lebensverlauf (Heindl 2000: 181).

Weitere Probleme ergeben sich dadurch, dass das Leben in Zeitabschnitte und einzelne Erfahrungen aufgespalten wird und damit einem integrativen, lebensweltübergreifenden Ansatz im ersten Moment entgegenwirkt (Ruhe 2009: 10). Es gestaltet sich schwierig oder ist sogar unmöglich, empirisches, biografisches Material zu einem wesensbestimmenden Selbstbegriff zusammenzufassen. Die Rekonstruktionen verdinglichen und sind unvollständig (Maaßen 1996: 29). Es genügt nicht, nur das Subjekt zu beachten, sondern wichtig ist die subjektive Verarbeitung objektiver Strukturen (Maaßen 1996: 27). Ernährungsverhalten ist stark determiniert durch Gewohnheiten. ‚Habits' werden automatisch aktiviert, weshalb sich verbale Selbstauskünfte nur beschränkt zur Erfassung eignen. Dennoch liegen auch dem vergangenen Verhalten bewusste Entscheidungen zugrunde. Eine eindeutige Erklärung durch rationale Überlegungen ist sehr komplex (Hunecke 2008: 109).

5.4 Möglichkeiten der Biografieforschung

„Biographien reizen zur Identifikation und/oder Abgrenzung und erhöhen damit die Motivation zur Auseinandersetzung mit Inhalten." (Methfessel 2003: 36)

Ansätze des 20. Jahrhunderts sehen in der Biografiearbeit die Möglichkeit, ein *„kollektives Gedächtnis"* durch das Zusammenbringen von Lebensverläufen Einzelner deutlich und begreifbar zu machen (Ruhe 2009: 7). Sie schafft Ordnung in den Erfahrungen und Bedeutungszuschreibungen (Ruhe 2009: 11). Biografische Forschung hat subjektiv erlebte Lebensgeschichten als Datengrundlage, die über Tiefeninterviews oder schriftliche Formen mitgeteilt und analysiert beziehungsweise interpretiert werden. Die qualitative Sozialforschung zeigt mehr auf als die bloßen quantitativen Zusammenhänge mit naturwissenschaftlichen Statistiken und Regeln (Gudjons/Wagener-Gudjons/Pieper 2008:15). Disziplinen wie Soziologie, Ethnologie, Psychologie, aber auch die Ernährungs- und Erziehungswissenschaften bedienen sich der Biografieforschung (Vogt 1996: 39).

Der einzelne Mensch steht im Mittelpunkt. Verborgene Lebenszusammenhänge oder Unübersichtlichkeit sollen zu erkennen gegeben werden und es dem Menschen ermöglichen, einen Platz zu finden, Begründungen für die Vergangenheit oder Legitimationen für Zukunft zu erarbeiten (Ruhe 2009: 9). Kritisch, bewusst und differenziert werden Details analysiert, um zu erforschen, wie die Tatsachen zusammenhängen (Gudjons/Wagener-Gudjons/Pieper 2008: 17). Veränderungsprozesse werden durch die Biografiearbeit besser wahrgenommen (Ruhe 2009: 12).

Die Biografiearbeit kann zielgerichtet erfolgen wie im Fall der essbiografischen Fallstudien dieser Arbeit, oder aus Mitteilungswünschen heraus, die sich häufig im Gespräch ergeben (Ruhe 2009:10). Die Ganzheitlichkeit entsteht aus den harten Fakten der Lebensgeschichte, die eingebettet werden in das Umfeld des Individuums und damit Einflüsse auf die Essbiografie deutlich machen. Schließlich werden daraus auch entstandene seelische Prozesse in psychologischer Hinsicht deutlich (Ruhe 2009: 13).

Die biografische Arbeit fördert ein Post-hoc-Nachdenken über Erfolge im Biografieverlauf, über Resilienz, über die Fähigkeit, aus Krisen gestärkt hervorzugehen, über positive Deutungsmuster und die Nutzung von Erfahrungen, als neue Grundlage für den Umgang mit aktuellen Problemen, oder zeigt die

Herkunft dieser Eigenschaften auf (Borst 2006: 202). Resilienz wird entdeckt durch das Erinnern an Situationen, die aktiv und wirksam bewältigt wurden. Das Gefühl der Handhabbarkeit wird gestärkt und ermutigt dazu, das Leben in die eigene Hand zu nehmen (Hölzle 2009: 78). Beim Veganismus als gesellschaftliche Ernährungssubkultur kann wohl die biografisch erlangte Resilienz eine mögliche Voraussetzung sein. Selbst Krisen oder Rückschläge erhalten einen Sinn, werden als Herausforderung begriffen und spenden Zuversicht (Hölzle 2009: 78).
Dabei kann das Anknüpfen an Menschen, Orte, Milieus, Bedingungen, Atmosphären oder Gefühle helfen, subjektiv erlebte Biografie besser abzubilden (Jansen 2009: 23).

6. Eine essbiografische Fallstudie

6.1 Fragestellung

Vor welchem Lebenshintergrund entwickeln speziell junge Männer eine Ernährungsweise ohne Fleisch und tierische Produkte? In der folgenden Fallstudie sollen die Überlegungen zum ‚Become Vegan' des Rahmenmodells als Hintergrund dienen, um den veganen Werdegang der Untersuchungsteilnehmer besser zu verstehen, Übereinstimmungen und generelle Aussagen zu ermöglichen und die Spezifika der jungen Männer herauszuarbeiten.

Eine pflanzenbetonte Ernährungsform wie die vegetarische und vegane wird auch noch in modernen Zeiten mit Weiblichkeit in Verbindung gebracht (Setzwein 2002: 82). Zwei Studien mit Veganern zeigen signifikante Tendenzen dahingehend auf, dass der Anteil veganer Frauen (62% und 52%) gegenüber dem der Männer (38% und 48%) überwiegt. Die meisten Veganer finden sich in der Altersstufe zwischen 20 und 30 Jahren. Gerade aber in dieser Gruppe sind die Männer überdurchschnittlich hoch repräsentiert (54% und 56,3%) (Becvar/Radojicic 2008: 119ff; Grube 2009a: 109f).

In der Biografiearbeit mit jungen veganen Männern soll im Folgenden versucht werden, biografische und charakteristische Merkmale in deren Lebensverlauf zu entdecken und die gewählte Lebensführung damit besser verständlich zu machen. Dabei kommt den Übergängen und Umbrüchen in wesentlichen Lebensphasen sowie einschneidenden, charakterformenden Erlebnissen in der Kindheit und Jugend eine besondere Bedeutung zu. Neben der bewussten Auseinandersetzung mit der eigenen Biografie sollen Übungen zur Biografiearbeit im Anschluss ein tiefer gehendes Verständnis ermöglichen.

„There must be a particular biography among vegetarians that leads them to choose this particular lifestyle. Therefore, the interaction between tension and personal biography is necessary for a person to opt for a vegetarian lifestyle." (Boyle 2007: 51) Biografische Aspekte müssten folglich auch Einflüsse auf eine vegane Ernährungsform haben.

6.2 Hypothesen

Der erarbeitete theoretische Hintergrund lässt mehrere Hypothesen zu, die eine Ausbildung der veganen Ernährungs- und Lebensweise von jungen

Männern erklären würden. Hypothese 1 betrifft die **Ressourcen**, die als biografische Grundlage einer unabänderbaren Vergangenheit eine Basis für den Veganismus bilden. Folgendes wird angenommen:

- Eine negativ empfundene, meist emotionale Situation wird als biografische Krise erlebt und stellt eine mögliche Ausgangsposition für eine Veränderung dar. Veganer erlangen dadurch Ressourcen der *Kohärenz und Resilienz*, durch die sie sich selbst motivieren können und ihrer Ernährungsform einen positiven Sinn geben. Auch Situationen und Bedingungen, die schwierig sind oder sich gegen sie richten, können dadurch besser durchlebt werden. Das gilt insbesondere, wenn der Weg zum Veganismus an entscheidenden Umbrüchen oder Wendepunkten der Essgewohnheiten oder der Denkweise mit positiven Erlebnissen und Gefühlen besetzt ist. Beispielsweise wird eine Einstellung gelobt oder eine Entscheidung respektiert. Dem Veganismus geht sehr wahrscheinlich der *Vegetarismus als eine Art Testlauf* voraus. Die Veränderungen können vor dem Hintergrund einer Optionsvielfalt selbst anvisiert werden oder ergeben sich aus einem Handlungsdruck heraus.
- Der gesellschaftliche Wandel und fortschrittliche Einstellungen sowie gefestigte soziale Beziehungen zu Familie oder Freunden fördern sowohl die Ausbildung von Ernährungskompetenzen und Ernährungswissen, als auch den Mut, sich gegen traditionelle Ernährungsweisen zu stellen. Der Schluss liegt nahe, dass junge, männliche Veganer allein schon in ihrem rein formalen Lebenslauf förderliche sozioökonomische Rahmenbedingungen und eine entsprechende Sozialisation aufweisen und der Stellenwert von Nahrungsmitteln mit dem veganen Ernährungsstil geschmacklich wie auch in der Prioritätensetzung übereinstimmt.

Hypothese 2 betrifft die **Eigenschaften**, welche sich im Temperament des jeweiligen Menschen unterscheiden, mitunter auch stark von den Ressourcen abhängig sind und sich entsprechend der Lebenslage auswirken:

- Die Identität und Persönlichkeit weisen Charakterzüge wie Offenheit, Interesse und Neugierde, Eigenmotivation, ein ausgeprägtes Selbstbewusstsein und Einfühlungsvermögen auf. Die Entscheidung für ein ‚nicht gesellschaftskonformes', rein pflanzenbasiertes Essverhalten setzt starke interne Einflussfaktoren und die intrinsische Motivation voraus, die im Laufe der Zeit über selbstständigen Wissenserwerb, durch Austausch mit Experten oder wichtigen Vertrauenspersonen sowie über negative persönliche Erfahrungen der Ausgangssituation geprägt wurden. Veganer haben sich wohl bereits in irgendeiner Form in einer eigenen Biografiearbeit mit sich auseinandergesetzt, haben bereits Prozesse der Reflexion hinter sich oder befinden sich darin.

Hypothese 3 betrifft die **Lebenslage**, welche die spezifische Zielgruppe kennzeichnet. Die teilnehmenden Männer befinden sich in einer jungen Erwachsenenphase, im Übergang einer Abhängigkeit von den Eltern und anderen prägenden Faktoren, hin zu einem selbstbestimmten Leben, in dem die eigene Persönlichkeit gefestigt ist und sich eventuell im Rahmen neuer Abhängigkeiten bewegt. In dieser Lebenslage kommen immer auch bereits vorhandene Ressourcen und Eigenschaften zum Ausdruck.

- Es ist anzunehmen, dass vegane Männer eher liberale Haltungen aufweisen und einem fortschrittlichen Männerbild positiv gegenüberstehen (Hauptkategorien nach Wippermann et al. 2009: 1ff). Typische gesellschaftlich den Männern zugeschriebene Eigenschaften wie Kompromisslosigkeit oder Rationalität wirken sich wohl dennoch förderlich in der Umstellung auf eine vegane Ernährungsweise aus (Zuweisung nach Nunner-Winkler 2008: S. 83).
- Junge Erwachsene weisen vermutlich noch häufiger idealistische Vorstellungen auf, und deren Umsetzung in die Praxis wird in jungen Jahren noch engagierter, konsequenter und ehrgeiziger durchgesetzt. Sie sind physisch und psychisch wohl noch stärker belastbar, weisen Eigenschaften wie Durchhaltevermögen, rebellischen Trotz, Innovationsdrang und eine stärkere Unabhängigkeit von verbindlichen Strukturen auf (Zuordnung nach Mück 2005 und Setzwein 2002: 93).

Es ist davon auszugehen, dass Merkmale aller drei Hypothesen in einer für den Veganismus förderlichen Kombination über unterschiedliche biografische Wege zustande kommen und somit bei jungen Männern in einer veganen Ernährungsform münden. Dies reicht von gesellschaftlich und kulturell geprägter und ausgebildeter Individualität der Lebensführung, dem Aufbruch traditioneller Rollenzuweisungen im Ernährungsbereich (Verantwortungsübernahme für sich selbst als junger, unabhängiger Mann) über persönliche Erfahrungen bis hin zu Medieneinflüssen oder durch eine Literaturlektüre vermittelten Handlungsdruck. Dazu gehört weiterhin eine mögliche Sinnsuche nach moralischem Verhalten, da Religion (die göttliche Ordnung) und hierarchische Ordnungen (der Vater und der Staat besitzen die absolute Autorität) immer mehr einem Prozess der romantischen Individualisierung weichen. Schließlich beeinflussen eine gewisse Bildung mit einhergehenden Ernährungskompetenzen und daraus resultierenden Substitutionsmöglichkeiten die Entstehung des Veganismus.

Ausgehend von dem Modell von McDonald (2000) ergibt sich die Überlegung, dass nicht typische biografische Umbrüche im Lebenslauf, sondern einmalige, punktuelle Ereignisse, Lebensmittelskandale, Erfahrungen oder Gespräche einen Denkprozess initiieren. Dieser beginnt, sich über eine vegetarische Ernährung zu entwickeln und wird durch einen zweiten Anstoß, der meist selbst provoziert wird, zum Veganismus weitergeführt. Gesamtbiografische Umbrüche können sich jedoch förderlich oder hinderlich auf diesen Prozess auswirken und verlaufen parallel. Ohne die Denkprozesse, die einer Initialzündung und den Schlüsselerlebnissen folgen und sich ganz bewusst mit der Umwelt, der eigenen Person und dem Gewissen auseinandersetzen, kommt es zu keiner Handlung.

6.3 Methodisches Vorgehen bei der qualitativen essbiografischen Fallstudie

6.3.1 Teilnehmerauswahl

Junge, männliche Veganer repräsentieren innerhalb der Gesellschaft eine extreme und eher untypische Ernährungsweise. Innerhalb der veganen Bewegung jedoch stellen junge Männer einen wesentlichen Anteil dar (Grube 2009a: 109). Bereits frühzeitig konnten über die Vermittlung der Tierrechtsorganisation PETA fünf Studienteilnehmer kontaktiert werden, die sich zu einem Interview bereit erklärten und auch der Sprachaufzeichnung zustimmten. Als es um die Vereinbarung konkreter Termine ging, meldeten sich noch vier von ihnen.

Alle biografischen Fallstudien wurden im Frühjahr und Sommer 2010 durchgeführt. Die Gesprächssituation sollte möglichst ruhig gehalten werden, um mehr Offenheit, Konzentration und Kommunikativität zu gewährleisten. Die Interviews fanden daher jeweils bei den Teilnehmern zu Hause statt. Dadurch, dass auch die Biografieforscherin Veganerin ist, entstand eine größere Vertrautheit im Gespräch.

6.3.2 Erhebungsmethodik

Die Fallstudie stellt einen holistischen Ansatz dar, der den Menschen durch die Biografiearbeit in den Mittelpunkt stellt. Dabei werden sowohl Grundlagen verschiedener Datenquellen, als auch unterschiedliche Erhebungsverfahren angewandt (Hussy/Schreier/Echterhoff 2010: 193). Mit der Auswahl geeigneter Methoden soll eine möglichst große Intimität und Erzählfreude sowie eine präzise Erinnerung angeregt werden (Ruhe 2009: 8). Daher werden die Methoden für die Fallstudie nach einem Selbstversuch im Rahmen eines Seminars zur Biografiearbeit gewählt. Die spezielle Anpassung allgemeiner Methoden an die Zielgruppe und ergänzende Vorbereitungsübungen erscheinen sinnvoll, um mehr über die generellen Werte und Einstellungen der Untersuchungsteilnehmer zu erfahren.

Neben Satzergänzungen, die ein projektives Verfahren darstellen und auf eine indirekte Erfragung von Sachverhalten abzielen, wird ein exploratives, narratives Interview als Hauptmethode gewählt. Hilfreich dabei ist die vorherige Aushändigung der Übungsaufgaben, die zum einen die Themenstellung klarmachen und zum anderen Orientierungsstrukturen liefern sollen (Kepper 1994: 41f). Der Stimulierung folgt damit die Hauptphase des eigenständigen Erzählens. In der Haupterzählphase hält sich der Zuhörer zurück. Der Erzählfluss und die innere Logik werden möglichst nicht unterbrochen. Dem ‚maximal offenen Verfahren' folgt ein narratives Nachfragen zu ungenügend ausgeführten Sachverhalten, Widersprüchen oder besonders interessanten Aspekten (Kepper 1994: 41f). Die Interviewmethodik umfasst vier Teilbereiche:

Die Erfassung sozioökonomischer Daten:

Vor der Durchführung der Interviews wurden die Rahmendaten erfasst, die der Interviewerin relevant für die Beantwortung der Fragestellung und für die Einordnung in das Gesamtmodell erscheinen (Anhang).

Die Lebenslinie als Standardübung der Biografiearbeit (adaptiert nach Gudjons/Wagener-Gudjons/Pieper 2008: 58):
Ein vorgefertigtes Arbeitsblatt, auf dem eine Lebenslinie eingezeichnet ist, wird den Teilnehmern vorab per E-Mail geschickt. Darauf sollen Ereignisse, Erfahrungen oder Situationen, die für den Veganer einen persönlichen Wendepunkt in seiner Ernährungssituation oder in seinem Denken über den Konsum bestimmter Nahrungsmittel dargestellt haben, markiert werden. Für jedes Ereignis wird nun das entsprechende Gefühl zu dieser Zeit auf der senkrechten Achse eingestuft. Daraus ergibt sich eine Lebenslinie, die in dem anschließenden Interview als Orientierungshilfe dienen kann und bei der Auswertung Hinweise auf Entscheidungsgrundlagen gibt. *„Markante Lebensereignisse werden ausgewählt, aneinandergereiht und so interpretiert, dass sie einem Anderen das eigene Gewordensein erklären."* (Klein 2008: 56) (Anhang)

Das narrative Interview:
Ein narratives Interview mit den Veganern soll biografische Erlebnisse, Erfahrungen und Wendepunkte rekonstruieren und durch die selektiven Erinnerungen zum besseren Verständnis beitragen. Die befragten Männer sollen frei erzählen und dabei neben objektiven Daten zum biografischen Lebenslauf auch subjektive Aspekte wie Gefühle und stark in der Erinnerung verbliebene oder fast vergessene Situationen zum Ausdruck bringen.
Neben der Übung der Lebenslinie mit ihren Höhen und Tiefen wird nun die persönliche Ess- und Lebensgeschichte erzählt. Die vorliegende Lebenslinie stimuliert den Redefluss, strukturiert die Erzählung und ordnet Gedanken. Durch die Reflexionsphase in der Vorarbeit sind ergiebigere Ergebnisse zu erwarten. Stichworte, die eventuell bereits notiert wurden, erinnern den Teilnehmer während des Interviews an vorherige Gedankengänge.

Die Weltanschauungen in der Familie (Gudjons/Wagener-Gudjons/Pieper 2008: 169):
„Diese Übung hat zum Ziel, (.) Glaubenssätzen auf die Spur zu kommen, herauszufinden, wer sie uns vermittelt hat und wo sie heute noch unser Verhalten bestimmen." (Gudjons/Wagener-Gudjons/Pieper 2008: 169)

Satzanfänge werden spontan vervollständigt und wenn möglich um Personen ergänzt, die den Teilnehmern dabei ins Gedächtnis kommen, sowie um Gefühle, die dabei entstehen. Die Weltanschauungen und Glaubenssätze ergänzen das Interview. Die Aussagen lassen Schlüsse zur politischen Haltung, zu Werten oder Einflüssen durch die Sozialisation zu (Anhang).

6.4 Interviewauswertung und Interpretation

Alle Interviews wurden aufgezeichnet und transkribiert. Geläufige Dialektfärbungen wurden beibehalten (Kuckartz 2007: 42). Das Notationssystem wird von Reinders (2005: 250ff) übernommen. Die Teilnehmer sind unter einem Pseudonym aufgeführt, um die Vertraulichkeit der Daten zu gewährleisten.

Die zur Auswertung angewandte ‚grounded theory' nach Glaser und Strauss versucht, gegenstandsbezogene Theorien mit direktem Bezug zur empirischen Realität zu formulieren und diese dann in allgemeine formale Theorien zu überführen. Eine gleichzeitige Sammlung und Analyse der Daten von Vergleichsgruppen unternimmt den Versuch, Zusammenhänge aufzuzeigen (Hussy/Schreier/Echterhoff 2010: 194; Kepper 1994: 217; Peter 2006: 74).

Die Auswertung jeder Essbiografie wird zunächst in der Einzelfallanalyse vorgenommen und auf relevante Muster hin untersucht. Mit der Abbildung einzelner Glaubenssätze oder Aussagen, die als innerlich konstruierte, erfahrungsgesättigte Logiken gelten, soll bei der Interpretation versucht werden, die Biografieverläufe und Verhaltensweisen in ihren Zusammenhängen zu vertiefen und erneut mit den bisherigen Daten abzugleichen.

Im zweiten Schritt erfolgt die Suche nach Übereinstimmungen oder Unterschieden innerhalb der Zielgruppe. Es handelt sich um die ‚Strategie des minimalen Vergleichs' nach Schütze (1983: 287). Das Vorgehen bei der Auswertung durch die Narrationsstrukturanalyse sucht das Allgemeine im Besonderen. Im Anschluss werden Vergleiche mit anderen Interviewtexten vorgenommen, um die allgemeinen Aussagen zu differenzieren oder zu bestätigen (Schütze 1983: 287). Die Auswertung erfolgt ähnlich der ‚grounded theory' durch die Codierung, Kategorienbildung und anschließende Theorienspezifizierung für ein Gesamtmodell (Anhang) (Hussy/Schreier/Echterhoff 2010: 195).

Je nach Häufigkeit und qualitativer Intensität der Aussagen und Erfahrungen der Teilnehmer erfolgt die Interpretation hinsichtlich der zuvor aufgestellten

Hypothesen. Je intensiver von einer für den Veganismus förderlichen Erfahrung oder einer Erkenntnis berichtet wurde und je stärker eine Charaktereigenschaft ausgeprägt zu sein scheint, desto mehr spricht für die Bestätigung der jeweiligen Codes. Je weniger Gegenteiliges berichtet wird, desto eher werden die Codes bestätigt. Für die bessere Vergleichbarkeit wird eine Abstufung von ‚eher schwach' bis ‚stark ausgeprägt' vorgenommen. Die subjektive Einschätzung hängt weiterhin vom persönlichen Eindruck der Interviewerin ab, sowie von den sprachlichen Betonungen der Teilnehmer. Die damit verbundene Intensitätsabstufung erleichtert die Interpretation und Vergleichbarkeit. Sie lässt Schlüsse über die jeweilige Hypothesenübereinstimmung eines einzelnen Teilnehmers zu, sowie über die Unterschiede oder die Gemeinsamkeiten zwischen den vier Interviewteilnehmern und ihren biografischen Werdegängen. Der Codierung für die Hypothesenkategorien liegen Eigenschaftsmerkmale und Variablen zugrunde, die der Biografieforscherin aus der theoretischen Literaturrecherche als sinnvoll und prägend erscheinen. Zahlreiche Quellen und Studien liefern Hinweise darauf, dass die Ausprägung bestimmter Codes und Eigenschaften förderlich für eine vegane Lebensweise sind oder zu einer Neuorientierung kulturell überlieferter Muster führen. Dabei werden auch Charaktereigenschaften beachtet, die speziell für die Zielgruppe junger Männer in Frage kommen. Eine Vollständigkeit kann nicht garantiert werden. Das ergibt sich durch den Ausschnitt einer Lebenswirklichkeit, die nur als kleiner Teil weitergegeben und subjektiv rekonstruiert wird. Das Individuum stellt ein komplexes Konglomerat einzelner Eigenschaften und im Leben erfahrener Situationen dar. Eine Interpretation soll dennoch versuchen, Tendenzen aufzuzeigen und Gedankenanstöße zu geben. Die individuelle Bedeutung einer Mahlzeit oder eines Lebensmittels kann greifbar gemacht werden. Die Subjektivität ist nicht nur auf die Ernährung zurückzuführen, sondern schließt immer die Lebensbezüge ein. Vorsicht geboten ist im Umgang mit Verallgemeinerungen.

Im dritten Schritt werden die zuvor modellhaft skizzierten Hypothesen auf ihre Richtigkeit überprüft und hinsichtlich der speziellen Zielgruppe junger Männer in dem Gesamtmodell verortet. Die jeweiligen Lebenslinien der Untersuchungsteilnehmer befinden sich im Anhang.

6.4.1 Thorsten – der politikkritische Konsument

„Es wird ständig konfrontiert von anderen, ja, alle fragen natürlich was ist, wieso, ja, und dann erklär ich, ich kann, ich kann das nicht machen, ich kann das nicht mit meinem Gewissen vereinbaren, mir tut es einfach unsinnig weh und es ist einfach Quatsch, also ich brauch das nicht, ja also wozu sollt ich es tun, es ist einfach unnötiges Leid, das leicht zu vermeiden ist ja und und in meiner Sicht einfach völlig unproblematisch." (1; 37)

Thorsten ist mit 32 Jahren der älteste Interviewteilnehmer. Er entstammt einer bürgerlichen Familie. Seine Mutter ist Bürokraft, sein Vater Betriebswirt, und er hat einen älteren Bruder. Thorsten wächst in einem ruhigen Wohngebiet auf. Seit zehn Jahren lebt er vegetarisch und seit einem Jahr vegan. Die Ernährungsumstellung verläuft bei ihm in vielen kleinen Schritten und beginnt im Alter von acht Jahren. Damals bringt ihn der Besuch auf einem italienischen Fischmarkt dazu, keinen Fisch mehr zu essen, da Fische und Delfine zu seinen Lieblingstieren zählen. Dieses *„Meer von toten Augen"* (1; 13) lässt ihn auch bei seinen Ausführungen emotional nicht los. Er beschreibt weiterhin, wie er als Kind Amseln aufpäppelt, wie er Guppies (Fische) züchtet, wie er Hund, Katze und Hase zusammen einschlafen sieht und zeigt dadurch sozialisierende, prägende Erfahrungen auf. Während er schon seine ganze Jugend hindurch kein Fleisch am Stück essen oder schneiden will, kommt es erst im Alter von 20 Jahren dazu, dass er kein Hähnchen mehr isst. Zu dieser Zeit studiert er bereits Sozialpädagogik, lebt allerdings noch im Elternhaus. Eine Reportage über Hähnchenschlachtungen und Kükenvergasungen gibt den entscheidenden Anstoß dazu. Im weiteren Lebensverlauf beschäftigt er sich zunehmend mit Philosophie. Er liest viele Sachbücher und entscheidet sich schließlich mit 22 Jahren für eine vegetarische Ernährung. Auch in seinen unterschiedlichen Freundeskreisen kommt er mit verschiedenen Charakteren, Werthaltungen und Handlungsoptionen in Berührung. Es entwickelt sich ein Interesse für politische Themen. Mit 23 Jahren boykottiert er Coca Cola und weitet sein Engagement im Laufe der Jahre auf weitere transnationale Konzerne aus. Er kommt erstmals in Kontakt mit anderen Vegetariern und nimmt an Demonstrationen teil, die sich gegen jegliche Formen der Ausbeutung aussprechen. Seine Gefühlslage und seine Emotionen sind während dieser Zeit recht unbeständig, was er selbst allerdings auf die Frauen in seinem Leben zurückführt. Dennoch bleiben diese Schwankungen nicht ohne Folgen für seine Ernährung. Am emotionalen Tiefpunkt seines Lebens ernährt er sich drei Jahre fast ausschließlich von Bananen, Brot und Wasser, was er alleine und lustlos verzehrt. Eine vegane Ernährung ist zu dieser Zeit damit faktisch schon gegeben, doch die bewusste, überzeugte Entscheidung dazu erfolgt erst mit 31 Jahren. Zu dieser Zeit befinden sich auch seine Gefühle wieder im positiven Bereich und er zieht mit dem Ende seines Studiums aus dem Elternhaus aus.

Was in der zeitlichen Abfolge nicht konkret eingeordnet werden kann, ist ein Erlebnis, das wohl erst kürzlich stattfand. Eine Festnahme durch die Polizei aufgrund einer im Nachhinein haltlosen Anschuldigung erschüttert sein Vertrauen in die unantastbare Gültigkeit und Richtigkeit der Gesetze, beziehungsweise in die ubiquitär gültige moralische Grundlage als Voraussetzung für die Entstehung der Gesetze, und bestätigt ihn wiederum in dem Gedanken, bisherige Traditionen und Strukturen nicht unreflektiert zu übernehmen.

Die Erlebnisse auf dem Fischmarkt, die Reportage im Fernsehen, die als traumatische Krise im Sinne eines plötzlichen, unvorhergesehenen Ereignisses gewertet werden könnte, und die Beziehungen zu Frauen stellen seine biografischen Krisen, also Erschütterungen seines alltäglichen Lebensführungssystems, dar. Doch auch Erfahrungen auf Demonstrationen und der dort am eigenen Leib erfahrene Umgang der Staatsgewalt mit den Menschen und der eigenen Ohnmacht sowie der kurzfristigen Beschränkung der eigenen Freiheit durch einen mehrstündigen Gefängnisaufenthalt können als sinnstiftend für die biografische Entwicklung gedeutet werden. Das Einfühlungsvermögen und das intensive Empfinden von Mitleid könnten daraus resultieren oder verstärkt werden.

Die Umstellung der Ernährungsweise erfolgt in recht kleinen, überschaubaren Schritten und kann damit recht gut an aktuelle alltägliche Situationen angepasst werden beziehungsweise Gewohnheiten entstehen lassen. Von seiner Familie und seinen Freunden wird Thorsten schon immer so akzeptiert wie er ist. Seine extrovertierte Art kommt ihm dabei zu Gute. Kritik oder Besorgnis werden durchaus geäußert, doch er erhält Rückhalt oder Respekt gegenüber seiner Person. Insbesondere durch seinen Vater, der eine wichtige Rolle als Vorbild in seinem Leben zu spielen scheint, wird er unterstützt.

„Also einmal is halt auch viel, was ja vorhin auch schon n bisschen raus gekommen ist, von meinem Vater kommt, einfach von seiner Art, von dieser Toleranz gegenüber allem, von diesem Verständnis, von der, von der Art wie er sich einfach gegenüber den den Menschen verhält." (1; 149)

Thorsten ist sehr interessiert an Bereichen wie Politik, Wirtschaft oder Philosophie. Seine vielfältigen Interessen zeigen sich dadurch, dass er in einer Band spielt, auf Demonstrationen geht, Bilder malt oder liest. Einen Fernseher besitzt er nicht.

Er nimmt Änderungen in der Gesellschaft wahr, sowohl was die Esskultur, als auch was die Autoritäten in Politik und Wirtschaft betrifft. Sie scheinen ihm noch zu kurz zu greifen und er würde gerne mehr ändern. Immer wieder zieht er Parallelen von seinem eigenen Verhalten und dem des Individuums zu den Ordnungsstrukturen einer Gesellschaft. Ganz klar erkennt er auch den Rahmen, in dem er sich bewegen und handeln kann, was er für sich selbst auch in Anspruch nehmen möchte. Die vegetarische und vegane Ernährung fügt sich bei ihm gut in den Alltag ein, zum einen durch die verfügbaren Ersatzstoffe, durch die Akzeptanz in seinem Umfeld, zum anderen durch seine persönlichen Präferenzen, was Nahrungsmittel angeht. Er ist kein großer Genießer, er empfindet Ekel beim Konsum tierischer Produkte. Bei Orangen hingegen spricht er von einem intensiven, wahnsinnig leckeren und abgefahrenen Geschmack. Essen erfüllt bei ihm in erster Linie eine sozialkommunikative Rolle, sei es, wenn es um geselliges Beieinandersein geht, oder um den Ausdruck von negativen Emotionen, beispielsweise in einer schlechten Phase, ausgelöst durch eine Frau. Genuss scheint daher nur möglich zu sein, wenn sowohl seine Gefühlslage positiv ist, als auch seine Werthaltungen damit in Einklang zu bringen sind.

Schon als Kind entwickelt er über mehrere Erlebnisse positive Bindungen zu Tieren. Fische faszinieren ihn und über das Beobachten von Verhaltensweisen erkennt er Tiere als Mitlebewesen an, die mit ihm interagieren können. Er berichtet unheimlich detailliert über Tiergeschichten aus seiner Kindheit, erfreut sich an ihnen und lässt keinen Zweifel daran, wo seine Intentionen liegen. Doch auch bei ihm finden Verdrängungsmechanismen statt, um nicht selbst zu sehr unter den negativ empfundenen Umständen zu leiden.

„Und mir tuts auch weh, dass es so ist, also ich kann von jeden von den Tieren auch weinen, ja, aber es ist nicht so, dass ich die, dass ich das die ganze Zeit.“ (1; 37)

Wie es sich bereits in früheren Lebensphasen scheinbar bewährt hat, zieht er sich innerlich zurück und schafft es durch das kalte Gemüt, also die Rationalität, seine Gedanken ruhig zu halten und oft nach außen hin den lustigen Clown zu spielen. Er erwähnt, dass seine Aufmerksamkeit für äußere Reize lediglich bei 30 Prozent liege, was ihm als eine Art Selbstschutz diene. Im Grunde genommen könne er sich *„nur selbst fertig machen“* (1; 215).

Er befindet sich noch auf dem Weg, seine innere Balance zu finden, und orientiert sich dabei an seinem Vater, der eine Art Vorbild für ihn darstellt. Er beschreibt ihn als sehr tolerant und gelassen, er vermittelt ihm Stärke und Geborgenheit und hat sich auch schon immer sehr um seine Söhne gekümmert, ihnen beispielsweise im Kindesalter aus Büchern vorgelesen oder mit ihnen zusammen einen Teich gegraben.

Es scheint, dass bei Thorsten die förderlichen Strukturen und Grundvoraussetzungen der Hypothesen zutreffen, die zu einer veganen Ernährungsweise führen können. Die Kombination mit seinen lebensweltlichen Umständen wie dem Studium der Sozialpädagogik und dem entsprechenden Freundeskreis sowie dem späteren Auszug aus dem Elternhaus und dem Singleleben in einer Wohngemeinschaft wirken sich als gute Ausgangsposition aus, um seine Werthaltungen im Alltag umsetzen zu können.

6.4.2 Nicolas – der emotionale Revoluzzer

„Ich könnte das nie rechtfertigen, dass ich das den Tieren antue, also dass ich selber weiterleben darf und äh (ganz leises Murmeln).“ (2; 332)

Nicolas kommt aus einem ländlichen Gebiet in Frankreich. Die anfänglichen Rahmenbedingungen auf dem Bauernhof seiner Familie, der durch die Tierhaltung den Anfang der Lebensmittelprozesskette darstellt, die ihm vermittelten Traditionen sowie kulturellen Besonderheiten prägen seine Kindheit. In Frankreich geht von der Familie noch eine wichtige soziale Bindung aus und der Staat ist stark am Erziehungssystem beteiligt. Der autoritäre Einfluss von Staat, Kirche und Religion sowie die kaum vorhandene Infrastruktur, was das Einkaufen und die Verfügbarkeit betrifft, stehen einer veganen Ernährungsweise als Hindernis gegenüber. Kompetenzen und Wissen über die Ernährung werden über Erfahrungen und Traditionen weitergegeben.

Nicolas' Idylle wird durch das Miterleben einer Hasenjagd erschüttert. Doch erst durch einen Fernsehbericht über Tierschützer im Alter von 14 Jahren werden ihm neue Handlungsoptionen aufgezeigt. Tierdokumentationen waren schon immer von Interesse für Nicolas, aber erst durch die zunehmende Nutzung des Internets können seine Neugierde und das Interesse für Tiere neue Dimensionen erschließen.

Mit 18 Jahren hört Nicolas auf, Fleisch zu essen, jedoch isst er noch Fisch, wovon er dann, mit dem Umzug in ein Wohnheim im Alter von 19 Jahren und dem größeren Abstand zu seinen bisherigen Lebensumständen, auch absieht. Zu dieser Zeit studiert er Biologie, bekommt neue Erkenntnisse über Fachbücher wie das von Campbell, ein Biologie-Standardwerk, und entdeckt durch das Stöbern in Kochbüchern zugleich seine Leidenschaft fürs Kochen. Hilfe oder Unterstützung sind von seinen bisherigen Freunden und von seiner Familie nicht zu erwarten, was seine Gefühlslage negativ beeinflusst.

Mit einem Studienwechsel zum Ingenieurwesen und Maschinenbau sowie einem Auslandsaufenthalt ändern sich erneut die Rahmenbedingungen für Nicolas. Er lernt die ersten Vegetarier kennen. Er liest nun auch Singers „Tierbefreiung" und entscheidet sich daraufhin, mit einer Vorbereitungsphase von drei Monaten, für eine vegane Ernährungsform. Die Reaktionen von seiner Familie und einigen Freunden fallen noch negativer aus als bei der Entscheidung für den Vegetarismus, was seine Gefühlslage weiter negativ beeinträchtigt.

„Und das das Ganze war, also das mit dem mit dem Essen, sozialer Druck war mir sehr, also im Vergleich dazu sehr unwichtig." (2; 228)

Das Gefühl, kritisiert zu werden, scheint ihm nach eigenen Aussagen keine so großen Probleme zu bereiten, doch viel eher beschäftigt ihn das Gefühl, nicht verstanden zu werden und so wenig ausrichten zu können. Er selbst ist schon in seiner Persönlichkeit gestärkt, sowohl als er im Alter von 19 Jahren Vegetarier wurde, als auch mit 25 Jahren, als er Veganer wurde.

„[A]ber was schrecklich is für mich. Das Leid der Tiere also für mein Leid empfinde." (2; 332)

Biografische Krisen hat er als Kind mehrfach wahrgenommen. Er schildert einige traumatische Erlebnisse mit Tieren, die prägend für ihn sind. Durch den ständigen Kontakt zu Tieren auf dem elterlichen Bauernhof erscheint es wahrscheinlich, dass ein Bezug zu Tieren aufgebaut wurde, woraus sein Einfühlungsvermögen und seine emotionale Haltung abzuleiten sind. Anti-Jagd- und Anti-Stierkampf-Seiten im Internet, Informationen zum Vegetarismus und Bilder von einem Schaf im Schlachthaus regen ihn im Laufe der Zeit zu einem neuen Denkprozess an. Die Persönlichkeitsmerkmale sowie seine innere Grundhaltung treten langsam stärker hervor, beziehungsweise weiten sich auf andere Bereiche aus.

Er erlebt viel Widerstand, doch die Energie, die er schon als Kind oder als Jugendlicher, beispielsweise durch kirchliches Engagement, aufweist, kann er als junger Mann nun selbstbestimmter und konsequenter einsetzen, indem er seiner inneren Stimme folgt.

„Dass ich auch Kind auch, war ich immer so auffällig in der Schule. Ähm, der Lehrer hat mich immer der kleine, der kleine, wie sagt man, der der immer so meckert, wenn was nicht richtig läuft, äh kleiner Revoluzzer." (2; 204)

Aus seiner inneren Überzeugung heraus und durch sein großes Einfühlungsvermögen, kombiniert mit Ehrgeiz, Kompromisslosigkeit und Konsequenz, ist schon in früher Kindheit die mögliche Basis für eine nonkonforme Lebensweise erkennbar. Die Vielseitigkeit in der Ernährung und seine variablen Geschmackspräferenzen wirken sich förderlich für eine Ernährung mit veganen Lebensmitteln aus, die oft erst ausprobiert werden müssen.

Durch den Übergang in ein selbstständiges Leben, auch was neue Freundschaften betrifft, kann er seine Rahmenbedingungen selbst mitbestimmen. Er lebt und studiert in einer großen Kreisstadt und hat dort auch die infrastrukturelle Möglichkeit, neue Produkte, Menschen, Bindungen und Handlungsoptionen kennenzulernen. Die Unabhängigkeit der Lebensphase im frühen Erwachsenenalter, seine Wohnsituation in einer Wohngemeinschaft und eine Stelle an der Universität in größerer räumlicher Entfernung von den traditionellen Strukturen des Elternhauses erleichtern die vegane Ernährungsform.

„Ich meine die Wahrnehmung war da und nichts könnte es ändern. Es war nur eine Frage der Zeit." (2; 234)

Es kann davon ausgegangen werden, dass die weiteren Grundlagen und Rahmenbedingungen für den Vegetarismus und den Veganismus erst mit einer veränderten Lebenssituation geschaffen werden. Bereits ausgebildete Charaktereigenschaften wie Offenheit für Neues, Gewissenhaftigkeit oder der

selbstständige Wissenserwerb begleiten typische Umbrüche im Lebenslauf wie den Auszug aus dem Elternhaus in ein Wohnheim und fallen ‚auf fruchtbaren Boden'. Mit zunehmendem Alter scheint sich die Persönlichkeit von Nicolas zu festigen, er wird sich sicherer in dem, was er für richtig hält. Er kann die vegetarische Lebensweise auch gut mit seinen geschmacklichen Vorlieben in Verbindung bringen. Die Prioritäten beim Essen sind klar erkennbar. In erster Linie soll Tierleid vermieden werden, es muss schnell gehen und soll schmecken. Das scheint kein Widerspruch zu sein.
„Aber ich hab, ich hab immer gekontert und ich hab immer, ich hab nie nie gezweifelt, also nie, gewusst, dass ich Recht habe und äh es ist der, also ich bin nicht religiös, aber es ist der stärkste Glaube, den ich in mir habe. (---) Und mhh es ist die einzige Sache, wo ich sicher bin, dass es falsch ist, nicht die einzige." (2; 107)

6.4.3 Herbert – der extrovertierte Rationalist

Herbert wächst in einem Dorf auf und hat eine gute Beziehung zu seinen Eltern und seinem Bruder. Alle sind tierliebe Fleischesser, und zur Gymnasialzeit von Herbert schließen sich der Familie auch immer wieder zugelaufene Katzen an. Im Alter von 17 oder 18 Jahren schaut er zusammen mit seinem Bruder die Sendung ‚Galileo' im TV, worin die Hühnchenproduktion erklärt wird. Daraufhin entscheidet sich sein Bruder für eine vegetarische Ernährung und er selbst isst kein Geflügelfleisch mehr. Nach seinem Abitur beginnt der Zivildienst, was er als glückliche Zeit beschreibt. Mit 19 Jahren entscheidet er sich schließlich auch dafür, Vegetarier zu werden und der Wopper, den er zusammen mit Freunden bei Burger King verzehrt, ist sein letztes Stück Fleisch. Nach dem Zivildienst arbeitet Herbert für einige Zeit im Ausland mit Tieren zusammen und entschließt sich danach, die verbleibende Zeit bis zum Studium in Deutschland mit einem Praktikum bei PETA sinnvoll zu nutzen. Dort gelangt er an weitere Informationen zur Produktionsweise und zum Umgang mit Tieren. Die Leute dort empfindet er als sehr nett, sie üben keinerlei Druck aus, doch bitten ihn darum, keine tierischen Produkte mit ins Büro zu nehmen. Zu dieser Zeit wird er, im Alter von 21 Jahren, zum Veganer. Im Jahr 2009, mit 22 Jahren, beginnt er das Studium der Sprachwissenschaft und Wirtschaft, zieht erstmals von zu Hause aus und lebt heute in einer

Wohngemeinschaft in einer größeren Universitätsstadt. Fleischgerichte gehören schon immer zu seinen Lieblingsspeisen und den Fleischgeschmack findet er noch immer sehr angenehm. Daher sind Fleischersatzprodukte für Herbert eine tolle Alternative und es ist ihm auch leicht möglich, an diese zu gelangen. Essen hatte und hat noch immer einen sehr hohen Stellenwert für ihn und stellt eine Art Luxus dar. Seine Gefühlslage wird im gesamten Lebensverlauf von positiven Gefühlen dominiert und auch nicht von der Trennung seiner Eltern wissentlich negativ beeinflusst. Seine Freunde belächeln ihn zwar, doch ihre Witze sind nicht ernsthaft gegen Herbert gerichtet. Er kommt gut damit zurecht und lacht mit ihnen. Schlimme Erfahrungen oder Erlebnisse mit Menschen oder Tieren kann er keine schildern. Lediglich die früher von seinem Vater *„kredenzte"* Leber fanden er und sein Bruder *„so abartig geschmacklich gesehn"* (3; 39).

Herberts Ausführungen zufolge gab es noch keine ernsthaften Sinnkrisen in seinem Leben, was ihm seine lustige, positive Art erhalten hat und seinen unbeschwerten Umgang mit seinem Umfeld. Es gibt keine erkennbaren Probleme oder Gründe, die gegen eine vegane Ernährung sprechen, keinen negativen Handlungsdruck, sondern vielmehr förderliche Bedingungen, sowohl über das Praktikum bei PETA als auch über die Orientierung an seinem Bruder.

„Ähm, damals zu Zivildienstzeiten und des war mit eine der, ich würd sagen der glücklichsten Zeiten. Ähm, also ich war ich war mit meinem Zivildienst sehr zufrieden, ich war mit der Schule fertig. Ich hatte noch die umgesetzte Vision dann auch ins Ausland zu gehen und da war ich dann eigentlich relativ glücklich zu dem Zeitpunkt. Ähm ja, und da hab ich auch noch zu Hause gewohnt. Da gabs von der Hinsicht dann auch keine Umstände, essenstechnisch." (3; 19)

Die Kohärenz erlangt Herbert auf mehrfache Weise über direkte oder indirekte, äußere Einflüsse. Er sieht in neuen Handlungsoptionen eine Möglichkeit, seine Freude am Genuss von Lebensmitteln mit der rationalen Steuerung der Auswahlkriterien im Alltag zu vereinen. Die ‚Exotik' macht den Veganismus spannend, regt die Kommunikation mit anderen auch durch kleinere Sticheleien an und Herbert kann bei allzu negativen oder anstrengenden Diskussionen leicht mit einem guten Spruch oder Faktenwissen punkten.

„Also was heißt, es war nie so dass, es kam nie vor, meine Eltern kamen, hier, ähm, ess doch maln bisschen Fleisch, ach ist doch eigentlich dumm was du machst, was jetzt oft noch vorkommt, wenn ich meiner Mutter sag, lass doch mal das Milchtrinken oder die Eier oder so was, dann sagt sie, ach komm laber nich so, so die Richtung (grinst).“ (3; 53)

Gegen den veganen Lebensstil würde bei Herbert der Aspekt sprechen, dass er den Geschmack und Genuss durch Fleisch immer noch sehr betont. Momentan kann er ihn leicht in den Hintergrund rücken, da noch keine ernsthaften Probleme in dieser Hinsicht aufgetaucht sind und genügend Ersatzprodukte zur Verfügung stehen. Schon der Vegetarismus stellte sich als alltagstauglich und gesellschaftlich kompatibel dar. *„Deswegen fand ichs voll geil, weil ich Teewurst immer, also auch damals immer voll gut fand und ich seit Jahren schon gar nicht mehr den Geschmack gehabt und so sozusagen und deswegen sinds dann wieder die Kleinigkeiten (wippt begeistert auf dem Bürostuhl). Also des Gefühl, Abstriche zu machen, hatt ich nie.“* (3; 49)

Der lockere Umgang mit seiner Ernährungsweise ist auch durch seinen unproblematischen Lebensverlauf geprägt. Eine stark positiv empfundene Lebenssituation und stützende Strukturen bieten den nötigen Rückhalt und geben Herbert ein Grundvertrauen mit sowie das Gefühl, mit schwierigen Situationen umgehen zu können. Die förderlichen Rahmenbedingungen überwiegen.

Die Energie und Lebensfreude merkt man Herbert direkt im Interview an. Seine lockere, heitere Art kann er gut mit der Ernährungsweise vereinbaren und seinen Freunden tritt er selbstbewusst und humorvoll gegenüber. *„Äh, kame immer soo blöde Sprüche oder so was, aber da hab ich mich auch nie richtig provoziert gefühlt. Wenn, wenn die Sprüche gut waren oder so was, witzig, dann hab ich auch mitgelacht.“* (3; 51)

Auch wenn sein Einfühlungsvermögen nicht ungewöhnlich stark ausgeprägt zu sein scheint, dient dafür seine rationale Haltung als wesentliche Legitimationsgrundlage für sich selbst und die Gesellschaft um ihn herum. *„Weil scheiße ist was da passiert und einfach auch absolut äh unnotwendig und (räuspert sich). Aber ich, es war eher rational, wars glaub ich. Weil es einfach auch in meinen Augen logisch is, ähm es wegzulassen, (...)“* (3; 25)

Seine emotionale Stabilität, Gewissenhaftigkeit und Eigenmotivation kommen auch durch unabhängige eigene Entscheidungen in anderen Bereichen zum

Ausdruck. *„Mein Bruder raucht jetzt auch noch ab und zu glaub ich. Is auch son Gelegenheitsraucher, aber ich hab des nie gemacht, weil ichs einfach absolut, also des macht ja keinen, rauchen ist so behindert (grinst).“* (3; 51)
Was seine Anpassungsfähigkeit in der Gesellschaft betrifft, kann man ihn als kooperativ, angepasst und ausgeglichen bezeichnen. Er selbst reflektiert auch relativ wenig über seine Position in der Gesellschaft und weist einen unbeschwerten, ganz selbstverständlichen Umgang mit seinen Mitmenschen und der sich ihm bietenden Optionsvielfalt auf. Positive Neuerungen werden direkt wahrgenommen, negative Ereignisse dagegen haben weniger Einfluss auf ihn. Er ist stark extrovertiert, geht ins Ausland, redet mit Menschen, genießt gutes Essen und ist empfänglich für Anregungen. Die gesprächige, offene Art scheint ihm auch viel Akzeptanz und Anerkennung in seiner Umwelt zu bringen. Er nimmt sich nicht aus der Gesellschaft heraus, sondern fügt sich mit seiner individuellen Ernährung wie selbstverständlich ein. Die gute Planung und sorgfältige Ausführung zeigen, dass es ihm ernst ist und machen Eindruck. Problematische Diskussionen können mit einem guten Spruch oder Faktenwissen abgewehrt werden. Er ist nicht einfach aus der Ruhe zu bringen und zieht selbstbewusst seine Ernährungsweise – unabhängig von anderen – durch, ohne dabei Einschränkungen zu empfinden, bisher auch ohne größeren Widerstand. Mit dem Optimismus und den rationalen Beweggründen im Vordergrund lassen sich tiefere, eventuell auch negative Emotionen besser bewältigen. Das ist vielleicht auch ein Grund, weshalb er seine Heiterkeit bewahren kann.
Die jeweilige Lebenslage im bisherigen Lebensverlauf macht einen widerstandslosen und einfachen Übergang zum Vegetarismus und Veganismus möglich und wurde vor allem durch sich immer neu ergebende Handlungsoptionen erleichtert. Beispielsweise durch die Hilfe und die Vorbildfunktion des Bruders, die Menschen bei PETA oder Sortimentserweiterungen im Lebensmittelhandel.
Herbert wurde in seiner Herkunftsfamilie mit einem liberalen Männerbild vertraut gemacht, zeigt im Interview jedoch auch Tendenzen zu Geschlechterstereotypen, die sich anscheinend erst aus seinen eigenen Erfahrungen heraus bestätigt haben. *„Bei Frauen kommt das zum Beispiel sehr oft vor, die dann noch Fleischesser sind, aber die ähm äh, den Genuss nicht. Oah ich kann so was nich ab (grinst).“* (3; 67)

In seiner jetzigen Lebenssituation ist er frei von Ideologie, aber für sich selbst gibt es keine Ausnahmen oder Zugeständnisse. Er versucht, seine Ideale selbstlos zu verwirklichen. Er ist fähig, die entsprechende Argumentation und Rechtfertigung für eine rein pflanzliche Ernährung – für sich selbst und für andere – durch rationale Überlegungen abzugeben. *„Mitleid auf jeden Fall auch, weil ich ja auch die Videos kenn, was da mit den Tieren passiert und das einfach nur (--) jetzt fehlen mir die Wörter. Ich glaub scheiße trifft's mit am besten."* (3; 25)

Herbert lebt noch nicht sehr lange vegan und er geht locker damit um. Die moderne Gesellschaft und die gute Infrastruktur sowie die recht gefestigten Beziehungen zu Familie und Freunden werden daran wohl auch nichts ändern, genauso wenig wie die weniger ausgeprägten intrinsischen und charakterlichen Motivations- und Handlungsgrundlagen.

6.4.4 Daniel – der empfängliche Introvertierte

Daniel wächst in einem schwäbischen Elternhaus auf und wird von seiner Oma und seiner Mutter mit traditionellen Speisen bekocht. Er ist schon immer ein neugieriges Kind und stellt früh Fragen zu dem Tier auf seinem Teller. Im Kindergarten und in der Grundschulzeit hat er viele Freunde. Er beschreibt sich selbst als kleiner ‚Bart Simpson' (aus der TV-Serie „Die Simpsons"). Er zerdrückt Ameisen und schüttelt Bienen zu Tode. Der frühen Trennung seiner Eltern trauert er noch immer nach und erklärt, dass damit Gewohnheiten in Essrhythmen und -strukturen aufgebrochen wurden. In der Realschulzeit beginnt der Wandel seiner Persönlichkeit, der sich in mehrfacher Hinsicht bemerkbar macht. Er isoliert sich zunehmend von anderen, entwickelt andere Interessen und gibt an, sich fortan eher mit ‚Lisa Simpson' solidarisch zu fühlen. Zu dieser Zeit besitzt er eigene Nager als Haustiere, und er startet mit zwölf Jahren den ersten Versuch, sich ohne Kalbfleisch zu ernähren. Nachdem sein Kinn blau anläuft und auch ein Arztbesuch ohne Erfolg bleibt, wird die Ursache in seiner Ernährung gesucht und er muss wieder Fleisch essen. In dieser Zeitspanne findet auch ein Schulwechsel statt. Während Daniel in seiner alten Realschule mit den Leistungsanforderungen, Schülern und Lehrern nicht zurechtzukommen scheint, vollzieht sich in der neuen Realschule

ein großer Wandel. Plötzlich ist er Klassenbester und schließt später auch die Realschule mit ausgezeichneten Noten ab.
Mit 14 Jahren entschließt er sich erneut ganz abrupt von einem Tag auf den anderen, kein Fleisch mehr zu essen und stellt sich damit dem starken Druck, der von seiner Mutter ausgeht, entgegen, da sie weiterhin Fleisch für ihn kocht. Lediglich von seiner Lehrerin wird er in seinem Handeln bestärkt. Zu dieser Zeit beginnt er, sich auch ehrenamtlich im Tierheim zu engagieren. Darüber hinaus beteiligt er sich bei ‚Menschen für Tierrechte' und der TiRS. Darüber kommt er, durch eine Zusammenarbeit mit PETA, in Kontakt mit einem Tierrechtler, der ihm sämtliche Fakten über die Produktion tierischer Lebensmittel erklärt. Bereits drei Monate nach der Entscheidung, vegetarisch zu leben, entscheidet sich Daniel mit inzwischen 15 Jahren für den Veganismus. Er beschreibt es wie folgt: *„Also des war dann net wie beim Vegetarierwerden von heut auf morgen, es war dann halt ein längerer Zeitraum (--) mit Umorientierung."* (4; 42)
Es folgt eine Art *„Psychoterror"* (4; 44) durch seine Mutter, die diese Ernährungsweise nun noch weniger akzeptieren will. Daniel lebt damals noch zu Hause und kontrolliert sogar den Müll, um untergemischten tierischen Bestandteilen auf die Spur zu kommen. Sein Vater steht ihm bei seiner Entscheidung bei, auch wenn es bei ihm lediglich darum geht, die gegensätzliche Meinung zu seiner Ex-Frau zu vertreten. Daniels Gefühlslage befindet sich zu dieser Zeit auf einem Tiefpunkt, doch sie steigt im weiteren Lebensverlauf wieder in den positiven Bereich auf. Damit verbessert sich auch Daniels Menschenbild merklich. Im Alter von 18 bis 22 Jahren hat er keinen Kontakt zu seinem Vater. Er beginnt eine Ausbildung und ist heute Zerspanungsmechaniker. Laut eigenen Aussagen befindet er sich gerade in einer Phase des Umbruchs.
Durch eine Mittelohrentzündung mit bedingter Taubheit als Kleinkind baut Daniel laut eigenen Aussagen eine besonders starke Bindung zu einem Nachbarshund auf. Es gibt einige Erfahrungen und Erlebnisse mit Tieren im Lebensverlauf, die er auch teilweise selbst interpretiert oder als wichtig erachtet, jedoch keine traumatischen Szenen. Mit dem schlechten Menschenbild, das er früher hatte, beginnt er vieles zu hinterfragen, seine Rolle im System zu begreifen und die Zusammenhänge des Lebens zu sehen. Dadurch erkennt er auch die Möglichkeit, mit seinem eigenen Verhalten die Gestaltung

des Lebens selbst in die Hand zu nehmen. Der Realschulwechsel könnte als wesentliche biografische Erfahrung dazu beigetragen haben. Isolation, Individualität und Ausdauer wirken sich damals letztlich positiv aus. Erst der Persönlichkeitswandel, beziehungsweise die konsequente Herausbildung der Persönlichkeit, lässt Handlungsdruck für ihn selbst aufkommen. Der Vegetarismus als eigenständige Entscheidung verlagert den Druck, denn jetzt muss er nicht mehr sich selbst, sondern seiner Umwelt Rechenschaft ablegen.

Kulturelle Ansichten und traditionelle Strukturen sind für ihn immer noch sehr präsent und prägen sein Umfeld. Die Familie steht zu ihm, zumindest als Fassade nach außen. Wirkliche Motivation bekommt er nur durch seine Lehrerin. Alle praktischen Kompetenzen musste er selbstständig erarbeiten. Er ist auf Informationen von anderen angewiesen.

Es war schwierig für ihn, vegan zu werden, da das gesamte Umfeld (Tierheim, Familie, Freunde, Arzt) keine Hilfe bot. Er benötigte eine große Ausdauer, um den extremen Behinderungen durch das Umfeld entgegentreten zu können. Er ist ein individueller Einzelgänger in einem recht konservativen Umfeld, das aber langsam den gesellschaftlichen Wandel zu spüren bekommt. Die Scheidung seiner Eltern, die alternative, provokante Vaterfigur und sein Ekelgefühl gegenüber vielen tierischen Produkten sind als förderliche Ressourcen zu werten.

Die Rahmenbedingungen sind zu der Zeit, als er sich entscheidet, Vegetarier und dann Veganer zu werden, denkbar schlecht. Kompetenzen müssen erst erarbeitet, die Sozialisation überwunden werden, Beziehungen werden stärker strapaziert, und selbst die Menschen aus dem Tierheim, wo er gerne hingeht, sind begeisterte Fleischesser und greifen ihn an.

Daniel weist allerdings einige förderliche Charaktermerkmale für eine vegane Ernährungsweise auf, wie die Offenheit für Erfahrungen. Er hat sich beispielsweise sofort bereit erklärt, an dem Interview teilzunehmen. Trotzdem scheint er wenig zwischenmenschliches Vertrauen zu haben. Seine Nachgiebigkeit in jungen Jahren wandelt sich in einem anstrengenden Prozess in die konsequentere Umsetzung seiner Einstellungen und er bleibt sich treu. Das könnte auch an der damals stärkeren Abhängigkeit gegenüber seiner Mutter liegen, die auch zu einer negativen Beeinflussung der Ich-Stärke führte. Seine Gefühlslage ist häufig eher mit Angst, Anspannung oder Sorgen verbunden, doch auf sich selbst und seine Fähigkeiten kann er sich verlassen. Ei-

nerseits folgt er wenig überlegt seinen Gefühlen – unachtsam, was die eigene Gesundheit betrifft, andererseits lässt er sich treiben von den jeweiligen zufälligen Bedingungen (Beruf, Wissen). Sein Gewissen drängt ihn zur Verantwortungsübernahme. *„Schon mehr s Mitleid. Hat halt s Wissen dazu gefehlt."* (4; 608) Seine Sensibilität und hohe Emotionalität kommen auch dadurch zum Ausdruck, dass er stark introvertiert ist und sich eher zurückzieht. Auch während des Interviews ist er vorsichtig in seinen Aussagen, nachdenklich und noch auf der Suche nach sich selbst. Da ihm von seiner Mutter als Kind wenig zugetraut wird und er auch keinerlei Unterstützung oder Rückhalt von Familie oder Freunden bekommt, ist viel Eigenmotivation nötig. Seine intrinsische Motivation unterliegt Wandlungsprozessen, denn er macht sich zu vielen Themen eigene Gedanken. Der selbstständige Wissenserwerb ist nur teilweise gegeben, aber aufgrund von Erfahrungen, die seine Kohärenz stärken, ist Faktenwissen auch nicht ausschlaggebend für seine Entscheidungen. Daniel hat eine fortschrittliche Einstellung zum Männer- und Frauenbild und versucht, auch in anderen Bereichen eine vorurteilslose Haltung aufzuzeigen, was ihm aufgrund eigener Erfahrungen manchmal schwerfällt. Rationalität ist zwar vorhanden, doch Emotionen und Trotz tragen gerade zu Beginn der Ernährungsumstellung einen größeren Teil zur Entscheidung bei. Damals ist auch sein Idealismus stärker ausgeprägt. Die Eigenschaft der Konsequenz dagegen scheint sich heute mehr auszuwirken, da er sich mit 14 noch sehr an äußeren Einflüssen orientiert, beispielsweise dem ärztlichen Rat oder im Umgang mit vorgesetztem Essen, das man nicht wegwirft.
Seinen Ehrgeiz setzt er oft selektiv ein. Resignation und neue Projekte scheinen sich abzuwechseln. Er findet sich mit Situationen ab, zieht sich in sich zurück, isoliert sich und folgt seiner erfahrungsgesättigten Logik. Die Erfahrungen mit den Reaktionen der Menschen erleichtern ihm möglicherweise die Vorhersehbarkeit und den Umgang mit ihnen. Er unterliegt keinen Gruppenzwängen und kann sich mit der veganen Lebensweise ein Stück mehr Unabhängigkeit erkämpfen. *„Und danach wars halt immer son riesen befreiendes Gefühl, wenn man sich da durchgsetzt hat und des endlich leben konnte wie man will."* (4; 48)
Auffällig scheint, dass trotz sehr negativer Reaktionen und einer sehr kurzen Übergangsphase vom Vegetarismus zum Veganismus sowie der damals größeren Abhängigkeit von äußeren Strukturen, Daniel seit inzwischen acht

Jahren eine vegane Ernährungs- und Lebensweise praktiziert. Er weitet sein Engagement sogar aus und denkt ganzheitlich. Inzwischen achtet er auf Fairtrade und Aspekte wie Kinderarbeit. Sein Weltbild befindet sich noch immer in einer Transitionsphase, die nicht abgeschlossen ist.

6.4.5 Typen- und Hypothesenvergleich

Die vier Einzelbiografien der veganen jungen Männer unterscheiden sich im Gesamtüberblick recht deutlich voneinander. Jeder von ihnen bestätigt andere Hypothesen oder Überlegungen im besonderen Ausmaß (siehe Anhang). Thorsten beispielsweise weist die stärkste Übereinstimmung mit den Hypothesen insgesamt auf. Er erfährt sowohl biografische Krisen, als auch Rückhalt. Seine Persönlichkeit, seine aktuelle Situation und die Einflüsse durch die Sozialisation oder den gesellschaftlichen Wandel wirken sich förderlich aus. Er ist der älteste Untersuchungsteilnehmer, der wohl im Vergleich zu den anderen Veganern der Fallanalyse in seiner Persönlichkeit, Lebenslage und seinen Ressourcen eine hohe Stabilität aufweist. Nicolas dagegen scheint stärker von biografischen Krisen in Kombination mit emotionalen, intrinsisch motivierten Persönlichkeitsmerkmalen und der unabhängigen Lebenslage als fortschrittlicher Mann zu profitieren und darin seine Handlungsmöglichkeit für eine vegane Ernährungsweise zu ergreifen. Es ist anzunehmen, dass sich die Motivation sehr stark aus einem inneren Handlungsdruck ergibt. Zusammen mit Daniel scheint er derjenige zu sein, der von äußeren Umständen recht unbeeindruckt bleibt, da diese einen anderen Weg vorgeben würden, insbesondere was die Ernährungskultur betrifft. Die Einflüsse der familiären oder kulturellen Sozialisation würden gegen die vegane Ernährung sprechen. Stattdessen findet eine traditionelle Wertevermittlung statt, die wohl auch über die französische Kultur und die religiösen Einflüsse geprägt ist.
Herbert scheint von allen Teilnehmern derjenige zu sein, dessen Rahmenbedingungen in mehrfacher Hinsicht sehr förderlich für eine vegane Ernährungsweise sind und dessen Ressourcen, die sich daraus ergeben, recht einfach mit der jeweiligen Lebenslage und seinen Persönlichkeitseigenschaften zu kombinieren sind. Aus seinen Beschreibungen geht hervor, dass sich für ihn eher als für die anderen Untersuchungsteilnehmer ein positiver Lebensumstand durch den Veganismus ergibt. Er scheint aus subjektiven Beschrei-

bungen und Orientierungen heraus keine ernsthaften Schwierigkeiten in seiner Ernährungsform zu sehen, wodurch auch gleichzeitig der äußere Einfluss durch Gesellschaft, Familie und Infrastruktur dominant hervorsticht. Er stammt aus einem postmateriellen Milieu, das Ökologie und Nachhaltigkeit auch in anderen Bereichen Beachtung schenkt und recht offen mit fortschrittlichen Gedanken umgeht.

Zwar wirken sich bei Daniel die Lebenslage und seine biografischen Krisen stark auf die Entstehung des Veganismus aus, doch insgesamt weist er im Vergleich mit den anderen Teilnehmern die geringsten Übereinstimmungen mit den Hypothesen auf. Von allen Untersuchungsteilnehmern ist er der jüngste, was Anlass zur Vermutung gibt, dass seine Persönlichkeit und seine Lebenslage noch am wenigsten gefestigt sind. Da seiner Entscheidung für den Veganismus Rahmenbedingungen und negativ erlebte Umbruchsituationen entgegenwirken, kann sich lediglich eine biografische Krise auf sein Ernährungsverhalten auswirken. Die Nachhaltigkeit dieser Erlebnisse und Erfahrungen ist gefährdet durch die beschriebenen Schwierigkeiten und die derzeitige Umbruchsituation. Er ist der Einzige der Teilnehmer, der im biografischen Verlauf bereits einen kompletten Wandel seiner Persönlichkeit vollzogen hat. Deshalb könnte man bei ihm von einer erarbeiteten Identität reden, ebenso wie bei Nicolas, der durch empfundene traumatische Erlebnisse und angestrebte Veränderungen in seinem Leben erst aktiv zur eigenen Position in der Gesellschaft finden musste. Auch Thorsten erlebt Krisensituationen, doch hat er durch den stärker erfahrenen Rückhalt durch seinen Vater wohl weniger innere Verpflichtungen zu überwinden. Bei Herbert dagegen könnte man auch von einer übernommenen Identität reden, da er scheinbar keine Krise erlebt hat und sich seiner Familie positiv verbunden fühlt. Dennoch setzt auch er sich kritisch mit bestehenden Strukturen auseinander. Diese Form der Erarbeitung gestaltet sich allerdings nicht so anstrengend wie bei den anderen Veganern.

Während die aktuelle Situation bei allen befragten Veganern von einer unabhängigen Lebensführung geprägt ist und die individuelle vegane Ernährungsweise fördert, war der Weg dorthin nicht immer leicht. Der Vegetarismus, genau genommen die dazu führende Denkstruktur, wurde oftmals durch zufällige äußere Erfahrungen und Eindrücke in Gang gesetzt. Thorsten, Nicolas und Herbert müssen etwas mit ansehen, das ihnen zuvor so nicht bewusst war: ein Fischmarkt mit toten Augen, eine Hasenjagd, eine Dokumentation über Geflügelproduktion. Der angestoßene Denkprozess kommt manchmal allerdings erst Wochen, Monate oder Jahre später in der praktizierten vegetarischen Ernährung zum Ausdruck. Mit den sich ändernden Rahmenbedingungen und Ressourcen, die zum großen Teil auch eigenständig geschaffen werden müssen, können Handlungsweisen in kleinen Schritten und angepasst an die jeweilige Situation zum Tragen kommen. Die erste eigene Wohnung oder ein Studienbeginn sowie eine räumliche Veränderung mit mehr Abstand zur Herkunftsfamilie und alten Strukturen zeigen neue Optionen auf, schaffen Wandlungsmöglichkeiten oder lösen vorherige Verpflichtungen auf. Bei Daniel ist diese Entwicklung schwerer nachvollziehbar, da er zu einem Zeitpunkt Vegetarier und Veganer wird, als seine Lebenswelt in keiner Weise eine förderliche Wirkung zeigt. Der zeitliche Abstand von drei Monaten, der zwischen der vegetarischen und veganen Ernährung liegt, könnte für ein noch recht jugendliches rebellisches Verhalten stehen. Der Vegetarismus wurde in der jugendlichen Phase aufgrund von starken Einflüssen der sozialen Umwelt bei Daniel kurz unterbrochen. Daniel lebt jedoch inzwischen schon acht Jahre vegan und in einem eigenen Haushalt. Möglicherweise gibt es unbewusste Auslöser für eine vegetarische Sozialisation, die im Interview und durch die Biografiearbeit nicht herausgearbeitet werden konnten. Gerade auch Daniel weist beispielsweise gegensätzliche Wesensmerkmale zu Herbert auf, da er sehr introvertiert erscheint und sich weniger an äußeren Umständen orientiert. Nach eigenen Angaben fehlen ihm die Informationen, als er sich entscheidet, vegan zu werden. Wohingegen die Entscheidung für den Veganismus bei den anderen Teilnehmern gerade dadurch gestützt wird, dass sie sich sehr viel mehr Informationen, Wissen und Kompetenzen über Ernährung, Wirtschaft oder Philosophie aneignen und sich bewusst damit auseinandersetzen. Es gibt soziale oder auch virtuelle Anlaufpunkte, die diesen Wandel unterstützen und Legitimationsgrundlagen bieten.

Alle Teilnehmer weisen ein ähnlich fortschrittliches Männerbild auf, das zum Teil über gesellschaftliche Prozesse oder die Sozialisation zu erklären ist. Einflüsse durch Autoritäten werden entweder nicht erlebt oder aufgrund negativer Erfahrungen für die eigene Zukunft abgelehnt.

In den einzelnen Hypothesenkategorien finden sich bei den jeweiligen Veganern zwar nicht immer nur förderliche Strukturen für eine vegane Ernährungsweise, sondern durchaus auch Elemente, die größere Schwierigkeiten und Hindernisse vermuten lassen. Doch in den weiteren Lebensbereichen können diese durch das Aufzeigen einer noch größeren Nützlichkeit (beispielsweise einem guten Gewissen) für die Untersuchungsteilnehmer kompensiert oder sogar überlagert werden. Die Ressourcen, die sich aus biografischen Krisen, Umbrüchen oder den Rahmenbedingungen ergeben können, stehen in einer ständigen Wechselwirkung mit der aktuellen Lebenslage und den Eigenschaften der individuellen Persönlichkeit. Da es sich beim ‚Become Vegan' um ein recht dynamisches Modell handelt, verwundert es kaum, dass selten alle Hypothesen und Randbedingungen vollständig erfüllt werden, sondern ein förderliches Zusammenspiel vor dem persönlichen biografischen Hintergrund entsteht.

Die *Ressourcen* sind in der jeweiligen Biografie auf verschiedene Kategorien verteilt und unterscheiden sich stark. Der Untersuchungsteilnehmer, der subjektiv keine biografische Krise erlebt hat und auch keinen Handlungsdruck für sich sieht, weist dagegen in anderen Bereichen besonders förderliche, positive Handlungsmöglichkeiten auf oder erhält viel Unterstützung.

Gerade aber was die Grundzüge und Charaktereigenschaften von Veganern betrifft, ist auffällig, wie stark manche vermuteten *Persönlichkeitsmerkmale* ausgeprägt sind. Offenheit für Neues, Neugierde und Interesse am Weltgeschehen wie auch am näheren Umfeld, scheinen eine hinreichende Bedingung für den Veganismus zu sein. Auch das Einfühlungsvermögen oder die Gewissenhaftigkeit bestätigen sich in Bezug auf die Vorannahmen.

Ganz stark ausgeprägt finden sich die konsequente Umsetzung von persönlichen Überzeugungen im alltäglichen Handeln und die derzeitige Unabhängigkeit wieder, die sich in der aktuellen *Lebenslage* als stark förderlich erweisen. Die Schwierigkeiten werden minimiert und ein Nutzen wird gestiftet. Dieser Nutzen betrifft sowohl die Beruhigung des eigenen Gewissens in psychologischer Hinsicht, die alltägliche Handhabung, wie auch die Akzeptanz der nonkonformen Ernährungsweise innerhalb der Gesellschaft in kultureller Hinsicht.

Die Hypothesen zu der *Lebenslage* und den *Eigenschaften* der jeweiligen Persönlichkeit wirken sich bei allen Veganern stark förderlich aus. Die aktuelle Lebenslage gestaltet sich sehr einheitlich, die Lebenslage zur Zeit des veganen Umbruches dagegen weicht voneinander ab und trägt nicht zwangsläufig zur veganen Ernährungsweise bei.

Selbst wenn manche *Ressourcen* weniger ausgeprägt sind, wie beispielsweise die stützende Funktion von sozialen Beziehungen, kann die Lebenslage, in der sich die Person aktuell befindet, mit der Charaktereigenschaft der Eigenmotivation so kombiniert werden, dass sich daraus Formen der Resilienz ergeben, die im derzeitigen Lebensabschnitt angewandt werden können. Wenn im einzelnen Fallbeispiel nur wenige Hypothesen erreicht werden, ist festzustellen, dass eine einzelne zutreffende Hypothese besonders hervorsticht oder stark in die Entscheidung, Veganer zu werden, mit einfließt. Eindeutigere Schlüsse kommen zustande, wenn mehrere Hypothesen oder sogar alle mit hohen Übereinstimmungen erfüllt werden konnten. Das ‚Become Vegan' ist dann besser nachvollziehbar.

Die Hypothesen werden zu unterschiedlichen prozentualen Anteilen erfüllt. Die Codierung mit zugeordneten Zahlenwerten und die benutzte Berechnungsgrundlage liefern die folgenden Werte (siehe Anhang):

Die geringsten Werte finden sich bei den Rahmenbedingungen (mit 57,3% Übereinstimmung), was wenig verwundert, da unsere Gesellschaft den Veganismus als noch recht innovative und exotische Ernährungsform ansieht und nur selten ausgeprägte liberale Strukturen über die Sozialisation vermittelt werden. Auch der Genuss, der geprägt ist von tierischen Lebensmitteln, sowie die Verträglichkeit mit der traditionellen Umwelt können mögliche Nachteile darstellen.

Dahingegen werden oft biografische Krisen oder Situationen erlebt, die sogar positiv aufgefasst werden, oder den Wendepunkten geht ein Testlauf oder eine stufenweise Ernährungsumstellung voraus (68,75% Übereinstimmung mit den Hypothesen).

Am stärksten bewahrheiten sich die Hypothesen jedoch in den förderlichen Persönlichkeits- und Identitätsmerkmalen und in den speziell jungen Männern zugeschriebenen Eigenschaften. Hierbei stimmen die Hypothesen nach den beschriebenen Auswertungsmethoden zu 73,9% und 78,1% mit den Ergebnissen überein.

Obwohl es sehr an den einzelnen Veganern liegt, in welcher Kombination die Hypothesen zutreffen, kann die Behauptung aufgestellt werden, dass sich alle Hypothesen in einer durchaus deutlichen Ausprägung wiederfinden und lediglich im Einzelfall extremere Abweichungen zeigen. Im Durchschnitt werden die Hypothesen zu 72,2% erfüllt.

Besonders die beiden älteren Teilnehmer scheinen in ihrer Persönlichkeit schon gefestigt zu sein, und zusammen mit der sehr starken Ausprägung männlich und jugendlich attributierter Wesensmerkmale, die für den Veganismus förderlich erscheinen, erfüllen diese beiden die meisten Merkmalsausprägungen. Das könnte auch damit zusammenhängen, dass die beiden jüngeren Teilnehmer, beide 23 Jahre alt, sich noch in stärkeren Umbruchsituationen in ihrem Leben befinden und auf dem Weg sind, ihre Persönlichkeit auszubilden sowie ihren Lebensweg zu gestalten. Die der Männlichkeit und Jugendlichkeit zugeschriebenen Merkmale scheinen zwar durchaus zuzutreffen, aber es ist fraglich, ob nicht auch Frauen, die vegan sind, eine ähnliche Zusammensetzung von Charaktereigenschaften aufweisen.

Ganz klar sind bei allen Teilnehmern Eigenschaften wie die Offenheit für Neues, die Gewissenhaftigkeit und das Einfühlungsvermögen ausgebildet. Ebenso finden sich sehr starke Ausprägungen für Unabhängigkeit, Konsequenz und Engagement sowie Durchhaltevermögen.

Es kann festgehalten werden, dass sich Umbrüche im Lebenslauf durchaus mit Änderungen im Ernährungsverhalten überschneiden können, aber nicht zwingend eine Voraussetzung darstellen, insbesondere nicht, wenn die Motivation stärker aus der Persönlichkeit des Veganers hervorgeht und weniger von den äußeren Rahmenbedingungen abhängig ist.

Die Gefühlsschwankungen sind keiner eindeutigen Regel zuzuordnen, da sie nur in wenigen Fällen direkt mit der Ernährungsform zusammenhängen und viel stärker von der Qualität zwischenmenschlicher Beziehungen abhängen (Partnerschaften, Enttäuschungen, erlebter Rückhalt und Freundschaften sowie Anfeindungen). Eine biografische Krise ist in den meisten Fällen in der einen oder anderen Form aufgetreten, doch sie scheint nicht zwingend notwendig zu sein.

Wenn das vegane Essverhalten, stabile soziale Bindungen, individuelle Werthaltungen und Persönlichkeitseigenschaften gut miteinander kombiniert werden können, steht dem veganen Lebensstil nichts im Weg.

7. Diskussion

7.1 Reflexion der Erhebungs- und Auswertungsmethodik

Die Übungen zur Biografiearbeit

Die Übungen und Vorbereitungsaufgaben wurden von allen Teilnehmern vorab durchgelesen und sie bereiteten die Grundlage für das Interview. Die Lebenslinie, die zur Strukturierung des Interviews und zur Anregung eines Erzählflusses fungieren sollte, stellte sich als ambivalente Methode heraus. Nur zwei der vier Interviewteilnehmer zeichneten die Lebenslinie ins Übungsblatt ein und lediglich einer bediente sich seiner Zeichnung während des Interviews. Das Zeichnen der Lebenslinie wurde von diesem Teilnehmer beispielsweise sehr genau vorgenommen. Die Übungsfragen beantwortete er sogar schriftlich. Dagegen hatte ein anderer Teilnehmer größere Probleme damit, seine Gefühle im Lebensverlauf bestimmten Phasen zuzuordnen. Es kamen vorab einige Nachfragen zur Art der Bearbeitung der Vorbereitungsübungen und zur Verwendung. Daher kann davon ausgegangen werden, dass sich alle Teilnehmer mit den Übungen zumindest gedanklich beschäftigt haben. Diese Tatsache wird auch zu den doch recht übersichtlichen und überwiegend reflektierten Erzählungen aus dem Leben der Teilnehmer beigetragen haben. Bei zwei Teilnehmern kam ein narratives Interview zustande, welches durch die offene und spritzige Art und den redegewandten Charakter der Befragten fast selbstständig durch sie geleitet wurde. Die Biografiearbeit wurde damit erleichtert. Zwei der Teilnehmer waren in ihren Wesenszügen ruhiger und zurückhaltender, was auch aus den Interviews und ihren Erzählungen hervorging. Bei ihnen war ein häufigeres und gezieltes Nachfragen nötig, um die gewünschten Informationen zu erhalten. Daraus ergab sich ein stärkerer Dialog. Mit der größeren persönlichen Einbindung der Interviewerin wurden in der Folge auch ein stärkeres Vertrauen und eine Offenheit in den Aussagen erreicht, die zum Ziel der biografischen Analyse beitragen konnten. Die Erhebungsmethodik war nicht in jedem Fall dazu geeignet, ein narratives Interview herauszufordern, doch der Umgang mit der Aufgabenstellung lässt ebenfalls Schlüsse auf die Persönlichkeit der Interviewteilnehmer zu. Sofern lediglich die narrativen Interviews berücksichtigt werden würden, käme es zum Ausschluss von Teilnehmern, die hinsichtlich ihrer Charaktereigenschaf-

ten und Persönlichkeitsmerkmale eine ruhigere Art aufweisen. Eventuell hat aber gerade das entscheidend zu ihrem Werdegang beigetragen.
Die Lebenslinien wurden im Nachhinein durch die Interviewerin mit den Aussagen zum Lebenslauf und Erlebnissen ergänzt, um eine ganzheitliche Übersicht über wesentliche Stationen im Leben abzubilden und mit den Gefühlen in Verbindung zu bringen. Zur Auswertung konnte diese Art der Visualisierung eine wichtige Hilfestellung bieten.
Die zweite Vorbereitungsübung der Satzergänzungen wurde von allen Teilnehmern gut angenommen. Von einem Teilnehmer wurde sie sehr präzise ausgefüllt und kommentiert. Als Ergänzungen liefern sie wichtige Erkenntnisse zu den Einstellungen oder Persönlichkeitsmerkmalen, die für die spätere Interpretation genutzt werden. Selbst unausgefüllte Satzanfänge lassen Schlüsse und Einblicke in allgemeine Weltanschauungen der Teilnehmer und ihrer Familie zu oder sie zeigen kulturell übermittelte Glaubenssätze auf. Kommentare zu den Sätzen lassen auf zusätzliche Charaktereigenschaften oder Persönlichkeitsmerkmale schließen. Teilweise wurden die Aussagen in die Interviews und Erzählungen integriert und regten zu vertiefenden Geschichten an. Vergessene Ereignisse oder Themen, die zuvor noch gar nicht in Betracht gezogen wurden, stellten sich plötzlich auch in den Vordergrund und warfen ein anderes Licht auf den Teilnehmer.
Die unterschiedliche Akzeptanz der Vorbereitungsübungen, die Detailtreue und die Ausprägung der narrativen Erzählweise scheinen vor allem mit dem Charakter und den Wesenszügen der vier Veganer erklärbar zu werden. Die nachdenkliche und ruhige Art des französischstämmigen Teilnehmers kann beispielsweise auch mit den sprachlichen Feinheiten und der Suche nach der geeigneten Ausdrucksweise zusammenhängen.
Für weitere Interviews stellen – neben der Beachtung des Temperaments der Teilnehmer – die Satzergänzungen ein gutes Instrument der Biografiearbeit dar, um Gedankengänge anzustoßen und unbewusste Weltanschauungen sichtbar zu machen.

Die Auswertungsmethodik der qualitativen Interviews

Die Auswertung der narrativen Interviews erfolgte zwar nach zuvor festgelegten und einheitlichen Kriterien, doch gerade bei qualitativen Interviews und der Zuordnung von Aussagen zu Codes oder Kategorien ist es kaum zu vermeiden, dass subjektive Einflüsse – sowohl des Interviewten, als auch des Fragenden – in die Interpretation der Ergebnisse mit eingehen. Die prozentualen Erreichungsgrade der Hypothesen und die festgelegten Skalenwerte für eine einfachere Zuordnung von Aussagen werden subjektiv und vor dem Hintergrund eigener Erfahrungen des Interpretierenden festgelegt. Die Qualität einer umfassenden biografischen Arbeit und der Auswertung mündlicher oder schriftlicher Beiträge kann nur schwer in Worte oder Zahlen gefasst werden, da auch Körperhaltungen, gedankliche Assoziationen oder Umstände wichtig erscheinen. Gespräche, die vor oder nach den Interviews stattfanden, wurden bei der Auswertung beispielsweise außer Acht gelassen.

Die Biografieforschung versucht zu verstehen und zu deuten, woraus Menschen ihren Lebenssinn erlangen, wie sie mit Problemen, Brüchen oder Veränderungen umgehen (Gudjons/Wagener-Gudjons/Pieper 2008: 15). Die fragmentarische und subjektive Erlebniswirklichkeit – der Teilnehmer, wie auch der Biografieforscher – kann daher nur einen *Versuch* darstellen, die Erklärung für eine vegane Ernährungsweise zu finden oder die jeweiligen biografischen Wege in ein stark vereinfachtes und verallgemeinertes Muster zu überführen. Das ins Bewusstsein zu rufen, erleichtert die Ergebnisdiskussion und verstärkt die Nachvollziehbarkeit des Gesamtmodells. Allgemein ist festzuhalten, dass gerade der empirische und biografiegebundene Zugang zu einer Forschungsfrage auch immer in persönlichen gedanklichen Dimensionen und Spielräumen stattfindet. Daher sollte in der Interpretation des Einzelfalles darauf eingegangen werden. Das Problem der Generalisierbarkeit bleibt bestehen, kann allerdings mit einer hohen Transparenz der Typengenerierung für eine größere intersubjektive Nachvollziehbarkeit sorgen und damit die Zusammenhänge des Besonderen zu dem erarbeiteten Allgemeinen deutlicher aufzeigen.

7.2 Diskussion der essbiografischen Fallstudie anhand des Gesamtmodells

Die bereits aufgezeigten Einzelfälle und zutreffenden Hypothesenkombinationen unterscheiden sich durchaus voneinander. Mit der Einordnung in das modifizierte Modell ‚Become Vegan' in Darstellung 7 können jedoch grobe strukturelle Ähnlichkeiten herausgelesen werden.

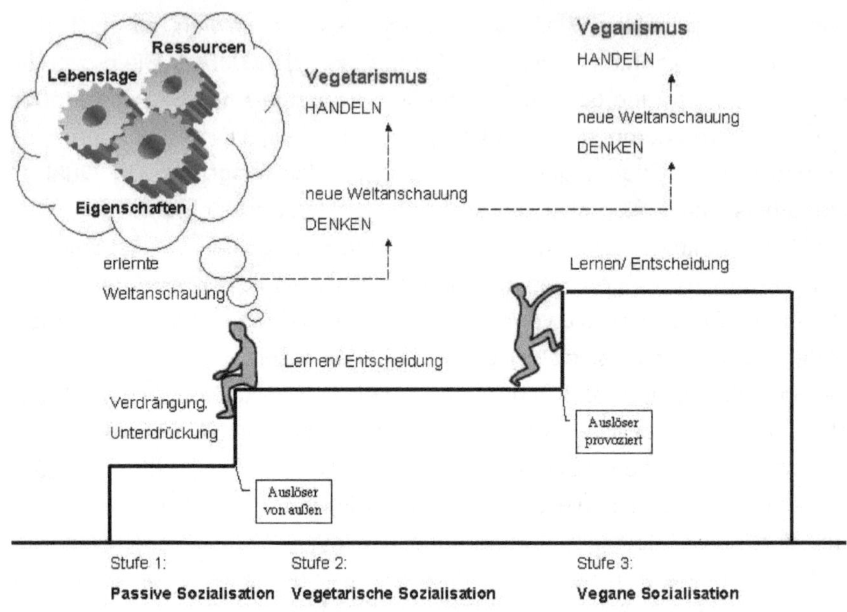

Darstellung 7: Biografische Zusammenhänge des 'Become Vegan' (eigene Darstellung in Anlehnung an McDonald 2000: 5)

Was die Phase der passiven Sozialisation betrifft, lässt sich nach der durchgeführten essbiografischen Fallstudie festhalten, dass sehr emotionale, intrinsisch motivierte Veganer weniger abhängig von äußeren Reizen und Erlebnissen in ihren Entscheidungen zu sein scheinen und extrovertierte, rational denkende Veganer eher von ihrer Umwelt und deren Anregungen stimuliert werden. Bei beiden Typen schaffen förderliche Rahmenbedingungen jedoch einen ‚fruchtbaren Boden' für das entstandene Gedankengut und für die neu überdachte Weltanschauung. Mehrmals fallen bei den Studienteilnehmern die Aussagen, sie wären schon früher vegan geworden, wenn sie auch früher Gleichgesinnte kennengelernt hätten. Die Rahmenbedingungen tragen insgesamt aber nicht den entscheidenden Anteil dazu bei, dass ein Mensch zum Veganer wird. Ressourcen, die sich aus den wenig förderlichen Rahmenbedingungen, der traditionellen Sozialisation oder dem noch stark empfundenen Genuss tierischer Nahrungsmittel ergeben, sowie aus der räumli-

chen Umgebung, in der sich die Menschen befinden, führen dazu, dass die innovativen Weltanschauungen und nonkonformen Verhaltensweisen noch unterdrückt und nicht ausgelebt werden.
Auch wenn die auslösenden Situationen zu Beginn häufig durch die Umwelt an die Person herangetragen werden, so handelt es sich doch meist um eine alltägliche Situation, die in diesem Moment erstmals anders wahrgenommen und bewertet wird. Der Fischmarkt, die Hasenjagd, die Fernsehreportage oder ein plötzlicher Sinneswandel wirken sich zuerst darin aus, dass sich Werthaltungen ändern und eine stärkere Reflexion stattfindet. Auch wenn diese Werthaltungen noch keine rationale und legitimierende Grundlage haben, können sie sich bereits in ersten direkten Handlungsänderungen auswirken. Häufig ist das jedoch erst Monate oder Jahre später der Fall. Der Schritt zum Veganismus benötigt meist eine stärker ausgeprägte Rechtfertigungsgrundlage. Die Erziehung und Sozialisation in der Herkunftsfamilie wirkt sich auf zwei Arten aus. Während sich besonders der Umgang und die Erfahrungen mit Tieren oder Lebensmitteln in der Familie später noch detailgetreu in den Erzählungen wiederfinden und auch eher positiv geprägt sind, scheinen gesamtgesellschaftliche Entwicklungen kritisch hinterfragt zu werden. Gerade auch traditionelle Strukturen der Familie, Routinen im Zeitverlauf der Gesellschaft und im Lebensverlauf eines Individuums werden vermehrt hinterfragt. Das Lernen als Entscheidungsgrundlage ist ganzheitlich zu verstehen.
Die in den Hypothesen als besonders relevant herausgearbeiteten Charaktereigenschaften stellen unabhängig vom Temperament der Veganer die Basis für den Ausbruch aus alten Denkpfaden dar. Die neue gedankliche Weltansicht geht der praktizierten Umsetzung in der Ernährung voraus. Während sich einerseits ein innerer Gewissenskonflikt bemerkbar macht, kann es auf der anderen Seite auch unabhängig davon zur Erschließung ganz neuer Möglichkeiten und positiver Alternativen kommen. Als ideal für die Ausbildung einer veganen Ernährungsweise ist die Kombination von Handlungsdruck und Optionsvielfalt anzusehen. Fast immer werden biografische Krisen in Form von Erfahrungen mit Tieren oder Menschen wie auch Erlebnissen im zeitlichen Lebensverlauf durchlebt. Sie lassen den Erwerb von Resilienz und Kohärenz vermuten und liefern damit wichtige Ressourcen. Der Rückhalt durch Familie und Freunde scheint gerade in solchen Fällen stark zum Tragen zu kommen, wo es keine Anzeichen für persönliche Krisenempfindungen oder

starke Gewissenskonflikte gibt. Dieser ist dann als alternative, aber richtungweisende Ressource zu werten. Häufig steht tatsächlich ein ‚Anreiz' oder ‚Auslöser' beziehungsweise ein ‚Schlüsselerlebnis' am Beginn eines erweiterten Selbstverständnisses auf dem Weg zu einer veganen Ernährung. Das kommt in der Stufe der vegetarischen Sozialisation zum Ausdruck. Während dieser Stufe erfolgt ein wesentlicher Kompetenzaufbau, der auch in der essbiografischen Fallstudie bei allen Teilnehmern beobachtet werden kann. Sofern Grundkompetenzen im Ernährungsalltag vorhanden sind, die über den direkten wie auch indirekten Einbezug vermittelt werden, erfolgt in der vegetarischen Sozialisation tatsächlich eine Ausweitung dieser. In der tendenziell länger andauernden zweiten Phase kommt es zu Lernvorgängen. Diese betreffen Bereiche des Ernährungswissens sowie auch der Lebensmittelproduktion, Wirtschaftssysteme, Moralphilosophie, Gesundheit und Lebensmittelzubereitung. Ganzheitliche Interessensgebiete, der Stellenwert der Lebensmittel und der Ernährung über einen reinen Aspekt des Genusses und der Gesundheit hinaus, führen zu einer Abkehr von überlieferten Traditionen und steigern die geistige Unabhängigkeit in Bezug auf die erfahrenen Glaubenssätze durch Familie, Freunde oder Autoritäten aus Staat und Kirche. Das Lernen dient als Grundlage für daraus abgeleitete Entscheidungen.

Die Persönlichkeitsmerkmale und Charaktereigenschaften kommen in dieser Stufe stärker als zuvor zum Ausdruck. Sie werden offen kommuniziert und im Alltag auf die Probe gestellt. Auch hier entstehen und erweitern sich Ressourcen wie Resilienz und Kohärenz. Gerade in dieser Phase finden sich bei den Untersuchungsteilnehmern formale Änderungen im Lebenslauf, die sowohl neue Settings schaffen, als auch für eine abnehmende Bindung und Verpflichtung gegenüber den erlernten Handlungsvorgaben sorgen.

Die vegane Sozialisation als dritte Stufe hat große Übereinstimmungen mit den Vorannahmen des Modells und den Hypothesen. Rationale Umstände oder Fakten scheinen einen größeren Raum einzunehmen als zuvor, doch sie sind nicht alleine ausschlaggebend. Der Übergang zum Veganismus erfolgt in der essbiografischen Fallstudie durchaus vor dem Hintergrund eines gesteigerten Faktenwissens und zieht sich über eine längere Vorbereitungszeit, der meist ein gedanklicher Wendepunkt vorausgeht. Die Motivation dafür ist dennoch stark von der Persönlichkeit und den Rahmenbedingungen der Veganer abhängig. Rationale oder emotionale Einflüsse und Entscheidungsgründe vermischen sich und haben bei jedem Untersuchungsteilnehmer eine andere Gewichtung. So verschieden die Gefühlsverläufe zu sein scheinen: Unter den jeweiligen Lebensumständen, vor dem Hintergrund vorhandener Ressourcen und individueller Persönlichkeitsmerkmale, machen sie Handlungen leichter nachvollziehbar. Über den zuvor praktizierten Vegetarismus kann man die gedanklichen Auslöser für eine neue Denkweise durchaus als von den Personen ‚selbst provoziert' bezeichnen, da sich die bewusste Auseinandersetzung mit der Thematik allein schon über die vegetarische Ernährung aufdrängt. Der Prozess, der zum Veganismus führt, ist im weiteren Verlauf jedoch uneinheitlicher als zuerst angenommen. Zwar geht in den vier Fallbeispielen jeweils eine vegetarische Ernährungsform voraus, doch die zeitlichen Abstände, die graduellen Übergänge, die Werthaltungen, die gesellschaftliche Konformität und die auslösenden Situationen sind nicht einheitlich zu bestimmen. In den meisten Fällen handelt es sich um längere Prozesse eines Umdenkens, deren Konsequenz im Handeln erst unter den für die Person jeweils günstigen Umständen zum Tragen kommt. Verwunderlich ist, dass die Weltanschauung, die sich im Modell von McDonald (2000) erst mit den auslösenden Faktoren ergibt, scheinbar bei den untersuchten Veganern schon sehr früh der Werthaltung entspricht, die eine vegane Ernährung nach sich ziehen sollte. Große Einflüsse gehen tatsächlich auch von sozialen Netzwerken aus, die sich über den direkten persönlichen Kontakt zu einzelnen Personen oder über die Recherche im Internet auswirken konnten. Daran wird die Dynamik des Modells deutlich, welches das Zusammenspiel von Ressourcen, Lebenslage und Eigenschaften ständig anders kombiniert.

Entscheidend für das ‚Veganwerden' einer Person ist, was die jeweilige Person mit den ihr zur Verfügung stehenden Ressourcen, Erfahrungen und Erkenntnissen aufgrund der daraus resultierenden und schon zuvor ausgebildeten Persönlichkeitsmerkmalen in der jeweiligen Lebenslage macht. Das (Er-) Leben fortschrittlicher Männlichkeit und das frühe Erwachsenenalter begünstigen eine vegane Ernährungsweise und lassen sich mit dem Modell gut erklären. Der innovative Charakter erfordert Aktivität und Ausdauer, was auch im Stufenmodell und den zu erklimmenden Ebenen symbolisch angedeutet ist. Eine Umkehr ist jederzeit möglich.

Die prägnanten und bei allen Veganern besonders stark ausgeprägten förderlichen Persönlichkeitsmerkmale rücken im Laufe der Zeit immer mehr in den

Vordergrund, und mit der sich einstellenden Lebenslage des jungen Erwachsenenalters scheint bei ihnen die intrinsische Motivation, sich „ohne Leiden" ernähren zu wollen, den entsprechenden Hintergrund darzustellen. Die Weltverhältnisse, die sich im Laufe einer Biografie ändern, wirken sich in der Rekonstruktion sozialer Räume aus und bringen neue Orientierungen hervor. Einfühlungsvermögen, positive Gefühle durch die gelebte Gewissenhaftigkeit, mehr Entscheidungskompetenz und Unabhängigkeit durch Informationen, darauf aufbauendes – in gesellschaftlicher Hinsicht legitimierendes – rationales Handeln, individuell empfundene Kohärenz und der Vegetarismus als Probephase im alltäglichen Leben, helfen, die ‚Stufen' zu erklimmen. Die Zahnräder der Zeit stellen in Darstellung 7 sinnbildlich das Ineinandergreifen und die gegenseitige Abhängigkeit der Denkprozesse dar. Auch wenn die Persönlichkeit als unveränderliche Grundlage betrachtet werden kann, üben Ressourcen und Lebenslagen Einfluss auf sie aus. Kommt es zu dem Ausfall einer treibenden Kraft, springen andere förderliche Bedingungen kompensatorisch ein. Es bleibt fraglich, inwiefern sich ändernde soziale Räume auch wieder auf die Orientierungen auswirken, oder ob eine mühsam erreichte Stufe der Reflexion auch unter extrem schwierigen Bedingungen im Ernährungsverhalten erhalten werden kann. Je stärker bestimmte Persönlichkeitsmerkmale wie Offenheit und Neugierde, Gewissenhaftigkeit, Eigenmotivation, Einfühlungsvermögen, starke intrinsische Motivation, Durchhaltevermögen, Konsequenz und Engagement in der jeweiligen Persönlichkeit ausgebildet sind und je stärker die Unabhängigkeit empfunden wird, desto eher scheint eine langfristige Aufrechterhaltung des veganen Ernährungsstils möglich zu sein. Diese Eigenschaften könnten daher als notwendige Bedingungen bezeichnet werden, wohingegen den Ressourcen und der Lebenslage als förderliche und hinreichende Bedingung eine tragende Rolle zukommt.
Im biografischen Verlauf müssen wohl alternative Möglichkeiten, die für eine vegane Lebens- und Ernährungsweise ausschlaggebend sind, zusammentreffen. Darunter fallen Teilbereiche wie vorteilhafte sozioökonomische Daten, was Beruf, Bildung, Alter oder Einkommen, Wohnsituation und Beziehungsstand betreffen, aber auch Ansichten über eine ‚gute' Ernährung sowie die ‚richtige' Werthaltung und Einstellung.
Festzuhalten ist: Es gibt eine passive, eine vegetarische und eine vegane Sozialisation. Während eines länger andauernden Prozesses, der häufig über

ins Bewusstsein geratene Auslöser startet, gelangt die Person zu einer neuen Weltanschauung. Diese kommt im veränderten Ernährungsverhalten zum Ausdruck, wenn die Lebenslage, die Ressourcen und die Eigenschaften entsprechend kombiniert werden können. Um sich zu einer veganen Ernährungsweise zu entschließen, wird ein noch größerer Anteil an Offenheit für Neues und Aktivität von einer Person gefordert, als es für die vegetarische Ernährung der Fall ist. Es scheint wohl, dass einschneidende Erlebnisse durchaus effektiv für Verhaltensänderungen in Richtung des Veganismus sein können, doch ohne Änderungen intrinsischer Einstellungen und Werte sind längerfristig anhaltende Änderungen nicht zu realisieren.
Es bestehen viele Zusammenhänge und Abhängigkeiten zwischen förderlichen Strukturen, woraus man folgern kann, dass es keine Antwort mit direkt abzuleitenden notwendigen Bedingungen auf die Frage gibt, warum junge Männer zu Veganern werden. Zahlreiche hinreichende förderliche Zusammenhänge für eine vegane Ernährungsweise konnten über die Fallbeispiele jedoch aufgezeigt werden. Die herausgearbeiteten Hypothesen vor dem Hintergrund theoretischer Quellen und zahlreicher Studien können nach der durchgeführten Fallstudie zu einer Bestätigung vieler Überlegungen beitragen und weiterhin für ein tiefergreifendes Verständnis sorgen.

7.3 Ausblick

Die Ergebnisse dieser Studie werfen interessante Aspekte auf die Essbiografie junger veganer Männer, die in einem nächsten Schritt präzisiert oder verglichen werden könnten. Dazu wären mehrere Möglichkeiten denkbar. Um die qualitative Biografieforschung um eine stärker theoriebezogene Dimension zu erweitern, wäre eine quantitative Untersuchung für weitere männliche Veganer im jungen Erwachsenenalter in Betracht zu ziehen. Die bei dieser Arbeit aufgestellten und anhand der biografischen Einzelfälle abgeglichenen Hypothesen müssten in einer größeren Fallzahl erfragt und verglichen werden.
Weiterhin wäre es interessant zu erfahren, inwiefern sich die jeweilige Lebenslage auf die vegane Ernährungsweise auswirkt. ‚Männlich, vegan: Und nun?' Die bei dieser Studie vorgestellten Veganer könnten in einem größeren zeitlichen Abstand erneut befragt werden. Haben die Teilnehmer weitere wesentliche Umbrüche im Lebenslauf erfahren, beispielsweise eine Heirat, oder

haben sie inzwischen eigene Kinder? Ist zu vermuten, dass sich diese Lebensumbrüche auf die Ernährungsform auswirken, auch wenn die Entscheidung für den Veganismus stark intrinsisch geprägt ist? In Studien finden sich häufig Abschwächungen in restriktiven Ernährungsverhalten, je länger sie praktiziert werden (Boyle 2007: 152; Grube 2009b: 76). Eine Nachfolgeerhebung mit den gleichen Teilnehmern wäre in mehreren Jahren oder Jahrzehnten sinnvoll, um weitere subjektive und objektive Einflüsse in der Biografie nachvollziehen zu können und die Zusammenhänge zum Veganismus gerade auch mit der Bedeutung der Zeitlichkeit des Lebens besser aufzeigen zu können. Dazu dienen Follow-Up-Untersuchungen als qualitative Längsschnittuntersuchungen. Schließlich wäre es damit möglich, das Verstehen der Realtypen zu verbessern, signifikante Tendenzen aufzuzeigen und die Idealtypen mit einer Quantifizierung besser an die sozialwissenschaftlichen Standards der verallgemeinerbaren Ergebnisse anzupassen.

Zu ganz anderen Erkenntnissen würden biografische Vergleiche mit jungen veganen Frauen oder mit fleischessenden Personen führen. Hierbei könnten die gendersensiblen Aspekte oder die Strategie des maximalen Vergleichs zum Einfluss der institutionalisierten Biografieverläufe stärker berücksichtigt werden.

8. Zusammenfassung

Wie also kommt es, dass junge Männer zu Veganern werden, dass sie Fleisch und andere tierische Produkte aus ihrem alltäglichen Speiseplan streichen? Welche Denkmuster und Erfahrungen haben dazu geführt und in welchem Gesamtzusammenhang mit ihrer Umwelt oder der individuellen Biografie stehen diese?

Die theoretischen Hintergründe lassen Überlegungen zur Formung des Ernährungsverhaltens zu, indem die Gesellschaft im Wandel der Zeit, die erfahrene Esskultur und Sozialisation, sowie die Identitätskonstruktion oder Essmoral thematisiert werden. Welche Bedeutung der Biografie zukommt, wurde zuerst über bereits vorhandene Studien aufgezeigt, und im Anschluss konnten die jeweiligen Einflussfaktoren – mit Methoden der Essbiografieforschung, angewandt an vier Fallbeispielen von jungen Veganern – auf das entwickelte vegane Ernährungsverhalten aufgezeigt, ausgewertet und interpretiert werden.

Die Übungen zur Biografiearbeit konnten im direkten Gespräch nicht immer die gewünschte narrative Interviewsituation hervorbringen. Es wurde jedoch deutlich, wie bedeutend es ist, im Voraus über die eigene Lebensgeschichte nachzudenken, um dabei auf vergessene Erlebnisse und Erfahrungen zu stoßen. Alles, was der Interviewteilnehmer in seinen subjektiv geprägten Ausführungen erwähnt und alle Erlebnisse, denen er Beachtung schenkt, können wesentliche Hinweise auf das ‚Werden' geben und die aktuelle Ernährungsweise nachvollziehbar machen.

Mit der Auswertung und Interpretation, welche ebenfalls nie frei von subjektiven Einflüssen der Biografieforscherin sind, konnte herausgearbeitet werden, dass die zuvor aufgestellten Hypothesen in vielen Punkten zutreffen, sich jedoch in ihrer Ausprägung und Zusammensetzung durch die individuelle Lebenslage, Ressourcenausstattung und Persönlichkeit der jungen Männer unterscheiden. Wesentliche Übereinstimmungen finden sich hauptsächlich in Eigenschaften wie der Offenheit für Neues oder der Gewissenhaftigkeit sowie in der Lebenslage, die für eine große Unabhängigkeit steht und Konsequenz in den Ernährungshandlungen erlaubt. Auch wenn nicht alle Teilnehmer von förderlichen Rahmenbedingungen, positiv erlebten Umbrüchen oder biografischen Krisen ihre förderlichen Ressourcen erhalten, wird die Biografie eines

Menschen doch stark davon geprägt. Was Menschen lernen, wie sie Erlebnisse wahrnehmen und deuten und welche Schlüsse sie daraus ableiten, bleibt letztendlich ein schwer erklärbares Zusammenspiel von vielen hinreichenden Bedingungen, die letztlich zur Erklärung einer veganen Ernährungsweise herangezogen werden können.

9. Summary

What are the biographic paths that lead young men to a vegan diet, a diet that excludes meat and other animal based products from their daily menu? Which paradigm and experiences made them vegan and where is the deciding link to their environment or their individual biography?

A theoretical framework entails to some considerations, which describe the shaping of nutrition behaviour in broaching the issue of a changing society, experienced eating habits and socialisation and also in broaching the issue of the creation of identity or the ethics of eating.

The meaning of biography is first demonstrated by existing surveys and subsequently the particular impacts on the developed vegan diet could be pointed, analysed and interpreted. Therefore, typical research methods of the nutrition biography are used and they are applied to four cases of young vegans.

The exercises of the biographical work not always led to a narrative interview situation. But it is shown clearly what is the significance of rethinking the own history of life in advance to explore forgotten experiences. All mentioned aspects or all considered experiences are subjective selected subjects of the interview partner. They contribute to the 'Become Vegan' as an essential note or they clarify the current nutrition.

The analysis and interpretation are never devoid of subjective influences of the researcher. It could be worked out that many hypotheses coincide, but their occurrence and composition distinguish in individual circumstances, in resources or in the characteristics of young men. Fundamental consistencies are found especially in qualities like openness to new things or conscientiousness, but also in circumstances, that approve independence and consequent attitudes. Not all participants benefit from conductive conditions, positive changes of life or biographic crises, but their biography is imprinted thereby. At last, it is a complex interaction of a learning process, of awareness, of the construction of experiences and the conclusions that people draw. So many adequate terms can illustrate the 'Become Vegan'.

Literaturverzeichnis

Adams, C. J. (2000): The sexual politics of meat: a feminist-vegetarian critical theory. New York: Continuum Publishing Company

Astleithner, F. (2007): Fleischkonsum als Kriterium für nachhaltige Ernährungspraktiken. In: Brunner, Geyer et al. (Hrsg.) (2007): Ernährungsalltag im Wandel. Chancen für Nachhaltigkeit. Wien / New York: Springer, S. 149-171

Barlösius, E. (2004): Von der kollektiven zur individualisierten Essmoral? Über das "gute Leben" und die widersprüchlichen Grundmuster alltäglichen Essens. In: Teuteberg, H. J. (Hrsg.): Die Revolution am Esstisch. Neue Studien zur Nahrungskultur im 19./20. Jahrhundert. Stuttgart: Steiner (Studien zur Geschichte des Alltags, Band 23), S. 39-50

Becvar, W. D. / Radojicic, N. (2008): "How Vegan Are You?" Ein kultursoziologisches Portfolio der veganen Community im Wandel zwischen Konsumverweigerung und Lebensstilkonzepten. Magisterarbeit. Universität Wien

Born, A. (2002): Regulation persönlicher Identität im Rahmen gesellschaftlicher Transformationsbewältigung. Münster / New York / München / Berlin: Waxmann

Borst, U. (2006): Von psychischen Krisen und Krankheiten, Resilienz und „Sollbruchstellen". In: Welter-Enderlin, R. / Hildenbrand, B. (Hrsg.): Resilienz – Gedeihen trotz widriger Umstände. Heidelberg: Carl-Auer-Systeme, S. 192-204

Boyle, J. E. (2007): Becoming Vegetarian: An Analysis of the Vegetarian Career Using an Integrated Model of Deviance. Dissertation. Blacksburg, Virginia

Brombach, C. (2000): Ernährungsverhalten im Lebensverlauf von Frauen über 65 Jahren. Eine qualitativ biographische Untersuchung. Dissertation. Giessen: Fachverlag Köhler

Brunner, K.-M. (2007): Alimentäre Biographien – Kontinuitäten, Umbrüche, Veränderungen. In: Brunner, K.-M. et al. (Hrsg.): Ernährungsalltag im Wandel. Chancen für Nachhaltigkeit. Wien / New York: Springer, S. 119-129

Brunner, K.-M. (2008): Ernährungsprozesse und nachhaltige Entwicklung: Alimentäre Biographien und Kompetenzen. In: Antoni-Komar, I. et al. (Hrsg.): Ernährung, Kultur, Lebensqualität. Wege regionaler Nachhaltigkeit. Marburg: Metropolis Verlag, S. 279-302

Chiva, M. (2002): Food Selection Through Life Span: Discrete Changes or Continuous Processes? In: Anderson, H. et al. (Hrsg.): Food Selection. From genes to culture. Stavelot: Danone Institute, S. 87-99

Clements, K. (1996): Vegan. Über Ethik in der Ernährung und die Notwendigkeit eines Wandels. Wien: Echo Verlag

Duden (1997): Der Duden in 12 Bänden. Band 5: Das Fremdwörterbuch. 6. Auflage. Mannheim/Wien/Zürich: Dudenverlag, S. 841

Eberlein, U. (2006): Serielle Einzigartigkeit und Eigensinn. In: Burkart, G. (Hrsg.): Die Ausweitung der Bekenntniskultur – neue Formen der Selbstthematisierung? Wiesbaden: VS Verlag für Sozialwissenschaften, S. 127-143

Evans, M. et al. (2006): Consumer Behaviour. Chinchester, England: John Wiley & Sons Ltd.

Fehrmann, S. (2002): Die Psyche isst mit. Wie sich Ernährung und Psyche beeinflussen. München: Foitzick Verlag

Fellmann, F. (1997): Kulturelle und personale Identität. In: Teuteberg, H. J. (Hrsg.): Essen und kulturelle Identität. Europäische Perspektiven. Berlin: Akademie Verlag, S. 27-36

Fleischhut, J. (2010): Gesundheitsverhalten im Spiegel der Neuropädagogik. In: Ernährung im Fokus 4/10, S. 146-152

Foodwatch (2010): http://www.foodwatch.de/ (17.03.2010)

GeoWissen (2009): Wer bin ich? Lebenslauf-Forschung: Was die Persönlichkeit prägt. Heft Nr. 43, S. 29

Grube, A. (2009a): Vegane Lebensstile. Diskutiert im Rahmen einer qualitativen/quantitativen Studie. 3., überarbeitete Auflage. Stuttgart: Ibidem Verlag

Grube, A. (2009b): Vegane Biografien. Stuttgart: Ibidem Verlag

Grundgesetz für die Bundesrepublik Deutschland (GG): "Grundgesetz für die Bundesrepublik Deutschland in der im Bundesgesetzblatt Teil III, Gliederungsnummer 100-1, veröffentlichten bereinigten Fassung, das zuletzt durch das Gesetz vom 21. Juli 2010 (BGBl. I S. 944) geändert worden ist"

Gudjons, H. / Wagener-Gudjons, B. / Pieper, M. (2008): Auf meinen Spuren. Übungen zur Biografiearbeit. Bad Heilbrunn: Julius Klinkhardt Verlag

Haenfler, R. (2004): Manhood in Contradiction: The Two Faces of Straight Edge. In: Men and Masculinities 2004, 7, S. 77-99

Häußler, A. (2002): Wie kommt der Mensch zu seinem Ernährungsstil? Hintergründe alternativer Ernährungsformen. In: Ernährungs-Umschau 49, Heft 4, S. 128-132

Hayn, D. (2006): Der Alltag der KonsumentInnen: Ausgangspunkt einer Ernährungswende. In: Eberle et al.(Hrsg.): Ernährungswende – Eine Herausforderung für Politik, Unternehmen und Gesellschaft. München: Oekom Verlag, S. 135-139

Heindl, I. (2000): Biographische Aspekte des Essens und Trinkens. In: Methfessel, B. (Hrsg.): Essen lehren – Essen lernen. Hohengehren: Schneider-Verlag, S. 175-183

Hildenbrand, B. (2006): Resilienz, Krise und Krisenbewältigung. In: Welter-Enderlin, R. / Hildenbrand, B. (Hrsg.): Resilienz – Gedeihen trotz widriger Umstände. Heidelberg: Carl-Auer-Systeme, S. 205-229

Hölzle, C (2009): Bedeutung von Ressourcen und Kreativität für die Bewältigung biografischer Herausforderungen. In: Hölzle, C. / Jansen, I.: Ressourcenorientierte Biografiearbeit. Grundlagen – Zielgruppen – Kreative Methoden. Wiesbaden: VS Verlag für Sozialwissenschaften, S. 71-86

Hunecke, M. (2008): Möglichkeiten und Chancen der Veränderung von Einstellungen und Verhaltensmustern in Richtung einer nachhaltigen Entwicklung. In: Lange, H. (Hrsg.): Nachhaltigkeit als radikaler Wandel. Die Quadratur des Kreises? Wiesbaden: VS Verlag für Sozialwissenschaften, S. 95-121

Hussy, W. / Schreier, M. / Echterhoff, G. (2010): Qualitative Forschungsmethoden. In: Hussy, W. / Schreier, M. / Echterhoff, G. (Hrsg.): Forschungsmethoden in Psychologie und Sozialwissenschaften für Bachelor. Berlin/Heidelberg: Springer, S. 183-212

Jacobsen, E. (2004): The Rhetoric of Food: Food as Nature, Commodity and Culture. In: Lien, M. E. / Nerlich, B. (Hrsg.): The Politics of Food. New York: Berg

Jansen, I. (2009): Biografie im Kontext sozialwissenschaftlicher Forschung und im Handlungsfeld pädagogischer Biografiearbeit. In: Hölzle, C. / Jansen, I. (Hrsg.): Ressourcenorientierte Biografiearbeit. Grundlagen – Zielgruppen – Kreative Methoden. Wiesbaden: VS Verlag für Sozialwissenschaften, S. 17-30

Jelenko, M. (2007): Geschlechtsspezifische Ernährungspraktiken. In: Brunner, K.-M. et al. (Hrsg.): Ernährungsalltag im Wandel. Chancen für Nachhaltigkeit. Wien / New York: Springer, S. 83-96

Jonas, H. (2003): Das Prinzip Verantwortung: Versuch einer Ethik für die technologische Zivilisation. Frankfurt am Main: Suhrkamp Taschenbuch

Kaufmann, J.-C. (2005): Kochende Leidenschaft. Soziologie vom Kochen und Essen. Armand Colin: UVK Verlagsgesellschaft mbH

Kepper, G. (1994): Qualitative Marktforschung. Methoden, Einsatzmöglichkeiten und Beurteilungskriterien. Wiesbaden: Deutscher Universitäts-Verlag

Keupp, H. (2008): Identitätskonstruktionen in der spätmodernen Gesellschaft. Riskante Chancen bei prekären Ressourcen. In: Zeitschrift für Psychodrama und Soziometrie 7 (2008) 2, S. 291-308

Klein, R. (2008): Kultur erinnernd verstehen – Versuch einer reflexiven Begegnung zwischen Cultural Studies, Biographieforschung und Psychoanalyse. In: Dörr, M. et al. (Hrsg.) : Erinnerung – Reflexion – Geschichte. Erinnerung aus psychoanalytischer und biographietheoretischer Perspektive. Wiesbaden: VS Verlag für Sozialwissenschaften, S. 49-64

Köstlin, K. (2003): Vom Ende der Selbstverständlichkeiten und der neuen Ausdrücklichkeit beim Essen. In: IAKE (Internationaler Arbeitskreis für Kulturforschung des Essens) (Hrsg.): Mitteilungen. Dr. Rainer Wild-Stiftung. Heidelberg (11), S. 2-11

Krizmanic, J. (1992): I really want to but... In: Vegetarian Times, January 1992, 173, S. 34-40

Kuckartz, U. (2007): Einführung in die computergestützte Analyse qualitativer Daten. 2., aktualisierte und erweiterte Auflage. Wiesbaden: VS Verlag für Sozialwissenschaften

Kudera, W. (1995): Lebenslauf, Biographie und Lebensführung. In: Berger, P. A. / Sopp, P. (Hrsg.): Sozialstruktur und Lebenslauf. Opladen: Leske und Budrich, S. 85-106

Maase, K. (1996): Entblößte Brust und schwingende Hüfte. Momentaufnahmen von der Jugend der fünfziger Jahre. In: Kühne, T. (Hrsg.): Männergeschichte – Geschlechtergeschichte. Männlichkeit im Wandel der Moderne. Frankfurt am Main: Campus Verlag, S. 193-217

Maaßen, B. (1996): Das Subjekt des Biographischen Lernens. In: Schulz, W. (Hrsg.): Lebensgeschichten und Lernwege – Anregungen und Reflexionen zu biographischen Lernprozessen. Baltmannsweiler: Schneider-Verlag, S. 23-36

Marcia, J. E. (1980): Identity in Adolescence. In: Adeison, J. (Hrsg.): Handbook of Adolescent Psychology. New York: Wiley&Sons, S. 159-187

McDonald, B. (2000): "Once You Know Something, You Can't Not Know It": An Empirical Look at Becoming Vegan. In: Society & Animals 8:1 (2000)

Meier, U. et al. (2004): Alles wie gehabt ? – Geschlechterspezifische Arbeitsteilung und Mahlzeitenmuster im Zeitvergleich. In: Statistisches Bundesamt (Hrsg.): Alltag in Deutschland. Analysen zur Zeitverwendung. Band 43. Wiesbaden, S. 114-130

Mellinger, N. (2000): Fleisch. Ursprung und Wandel einer Lust. Frankfurt am Main: Campus Verlag

Mellinger, N. (2004): Vom Fleisch als Ernährungsleitbild par excellence. In: Hayn, D. / Empacher, C.: Ernährung anders gestalten. Leitbilder für eine Ernährungswende. München: Oekom Verlag, S. 26-30

Merriman, B. / Wilson-Merriman, S. (2009): Radical Ethical Commitments on Campus: Results of Interviews with College-Aged Vegetarians. In: Journal of College and Character, Vol. X, No. 4, 2009

Methfessel, B. (2003): Biographie und Lernen. Allgemeine Überlegungen zu Möglichkeiten und Grenzen in einem lebensweltbezogenen Fach. In: Haushalt & Bildung, 80 (1), S. 32-42

Methfessel, B. (2004): Esskultur und familiale Alltagskultur. Projekt „Esskultur im Alltag". Heidelberg: Dr. Rainer Wild-Stiftung

Mück, H. (2005): Lebensphasen im vollständigen Lebenszyklus nach Erik H. Erikson. http://www.dr-mueck.de/index.htm (12.03.10)

Neuloh, O. / Teuteberg, H.-J. (1979): Ernährungsfehlverhalten im Wohlstand. Ergebnisse einer empirisch-soziologischen Untersuchung in heutigen Familienhaushalten. Paderborn: Ferdinand Schöningh

Neumann, G. (1993): „Jede Nahrung ist ein Symbol". Umrisse einer Kulturwissenschaft des Essens. In: Wierlacher, A. et al. (Hrsg.): Kulturthema Essen. Ansichten und Problemfelder. Berlin: Akademie Verlag, S. 385-444

Nissen, U. (2001): Lebensführung als „Missing link" im Sozialisationsprozeß. In: Voß, G. G. / Weihrich, M. (Hrsg.): tagaus – tagein. Neue Beiträge zur Soziologie alltäglicher Lebensführung. München und Mering: Rainer Hampp Verlag, S. 149-163

Nunner-Winkler, G. (2008): Weibliche Moral: Geschlechterdifferenzen im Moralverständnis? In: Becker, R. / Kortendiek, B. (Hrsg.): Handbuch Frauen- und Geschlechterforschung. Theorie, Methoden, Empirie. Wiesbaden: VS Verlag für Sozialwissenschaften, S. 81-87

Patterson, C. (2004): Für die Tiere ist jeden Tag Treblinka: Über die Ursprünge des industrialisierten Tötens. Frankfurt am Main: Zweitausendeins

PetaKids (2010): Interview mit Albino.
http://www.petakids.de/p199/albino_interview.html (09.03.2010)

Peter, C. (2006): Dicke Kinder. Fallrekonstruktionen zum sozialen Sinn der juvenilen Dickleibigkeit. Bern: Verlag Hans Huber

Philipps, A. (2008): BSE, Vogelgrippe & Co.. "Lebensmittelskandale" und Konsumentenverhalten. Eine empirische Studie. Bielefeld: Transcript Verlag

Portmann, A. (2008): Wer isst, ist eigensinnig. Die Bedeutung der Erfahrung in der alimentären Praxis und die Schwierigkeiten mit dem ‚subjektiven Faktor'. In: Antoni-Komar, I. et al. (Hrsg.): Ernährung, Kultur, Lebensqualität. Wege regionaler Nachhaltigkeit. Marburg: Metropolis Verlag, S. 263-277

Pudel, V. / Westenhöfer, J. (2003): Ernährungspsychologie. Eine Einführung. 3., unveränderte Auflage. Göttingen: Hogrefe Verlag für Psychologie

‚Rayner' (2010): Gästebucheintrag online unter http://www.albino-online.de/show.php?page_id=40&subData164=1 vom 12.04.2010

Reinders, H. (2005): Qualitative Interviews mit Jugendlichen führen. München: Oldenbourg Wissenschaftsverlag GmbH

Rifkin, J. (2010): Die empathische Zivilisation: Wege zu einem globalen Bewusstsein. Frankfurt am Main: Campus Verlag

Rose, L. / Schäfer, K. (2009): Literarisches Tuttifrutti: Erzählungen zum Essen in Klassikern der Sozialpädagogik. In: Rose, L. / Sturzenhecker, B. (Hrsg.): ‚Erst kommt das Fressen...!' Über Essen und Kochen in der sozialen Arbeit. Wiesbaden: VS Verlag für Sozialwissenschaften, S. 21- 46

Rosken, A. (2009): Diversity und Profession: Eine biographisch-narrative Untersuchung im Kontext der Bildungssoziologie. Wiesbaden: VS Verlag für Sozialwissenschaften

Rößler-Hartmann, M. (2003a): Familienhaushalt als Lernfeld für Kinder. In: Haushalt & Bildung, 80 (1), S. 43-50

Rößler-Hartmann, M. (2003b): Unterrichtsbeispiel: Lieblingsgerichte der Kindheit lassen grüßen... In: Haushalt & Bildung, 80 (1), S. 51-53

Rozin, P. (1996): Sociocultural Influences on Human Food Selection. In: Capaldi, E. D. (Hrsg.): Why We Eat what We Eat. The Psychology of Eating. Washington DC: American Psychological Association, S. 233-263

Rückert-John, J. / John, R. (2009): Essen macht Geschlecht. Zur Reproduktion der Geschlechterdifferenz durch kulinarische Praxen. In: Ernährung im Fokus, Jg. 9, Heft 5, S. 174-179

Ruhe, H. G. (2009): Methoden der Biografiearbeit. Lebensspuren entdecken und verstehen. 4. Auflage. Weinheim / München: Juventa Edition Sozial

Scharfetter, C. (2002): Allgemeine Psychopathologie. Stuttgart: Thieme

Schön, B. (2003): Biographisch bedeutsames Lernen. In: Haushalt & Bildung, 80 (1), S. 13-24

Schroer, M. (2006): Selbstthematisierung. Von der (Er-)Findung des Selbst und der Suche nach Aufmerksamkeit. In: Burkart, G. (Hrsg.): Die Ausweitung der Bekenntniskultur – neue Formen der Selbstthematisierung? Wiesbaden: VS Verlag für Sozialwissenschaften, S. 41-72

Schütze, F. (1983): Biographieforschung und narratives Interview. In: Neue Praxis 13, S. 283-293

Schwarz, T. (2005): Veganismus und das Recht der Tiere. Historische und theoretische Grundlagen sowie ausgewählte Fallstudien mit Tierrechtlern bzw. Veganern aus musikorientierten Jugendszenen. In: Breyvogel, W. (Hrsg.): Eine Einführung in Jugendkulturen. Veganismus und Tattoos. Wiesbaden: VS Verlag für Sozialwissenschaften, S. 69-164

Setzwein, M. (2002): Sex & Food & Hierarchy. Überlegungen zum Zusammenhang von Ernährung, symbolischer Geschlechterordnung und sexueller

Ideologie. In: Jahn, I. / Voigt, U. (Hrsg.): Essen mit Leib und Seele. Bremen: Edition Temmen, S. 75-98

Simon, C. P. (2009): Wer bin "Ich"? Und wer könnte ich sein? In: GeoWissen: Wer bin ich? Lebenslauf-Forschung: Was die Persönlichkeit prägt. Heft Nr. 43, S. 22-26

Singer, P. (1996): Animal Liberation. Die Befreiung der Tiere. Reinbek bei Hamburg: Rowohlt

Spiekermann, U. (2002): Das Deftige für den Mann, das Leichte für die Frau? Über den Zusammenhang von Ernährung und Geschlecht im 20. Jahrhundert. In: Jahn, I. / Voigt, U. (Hrsg.): Essen mit Leib und Seele. Bremen: Edition Temmen, S. 51-74

Teuteberg, H.-J. (1995): Kulturthema Essen – Eine Zwischenbilanz der Forschung. In: Ernährungs-Umschau 42, Heft 9, S. 322-325

Torres, B. / Torres, J. (2010): Vegan Freak. Being Vegan in a Non-Vegan World. Version 2.0: Revised, Expanded and Updated. Oakland: PM Press

Vogt, A. (1996): Das Leben in die eigene Hand nehmen – Biographisches Lernen als gezielte Arbeit am eigenen Lebenslauf. In: Schulz, W. (Hrsg.): Lebensgeschichten und Lernwege – Anregungen und Reflexionen zu biographischen Lernprozessen. Baltmannsweiler: Schneider Verlag, S. 37-56

Volk-Uhlmann, C. (2006): Bestimmungsfaktoren der Lebensmittelnachfrage. Eine Regressionsanalyse. In: Ernährung im Fokus 6, Heft 12/2006, S. 348-354

Wippermann, C. et al. (2009): Männer: Rolle vorwärts, Rolle rückwärts? Identitäten und Verhalten von traditionellen, modernen und postmodernen Männern. Sozialwissenschaftliche Studie des BMFSFJ. http://www.sociov ision.de/sinus-news/year/2009/month/10/backPid/67/news/maenner-rolle-vo rwaerts-rolle-rueckwaerts.html (12.03.10)

Zingerle, A. (1997): Identitätsbildung bei Tische: Theoretische Vorüberlegungen aus kultursoziologischer Sicht. In: Teuteberg, H.-J. et al. (Hrsg.): Essen und kulturelle Identität. Europäische Perspektiven. Berlin: Akademie Verlag, S. 69-86

Anhang

Datenerhebung

Veganer	***Mutter***	***Vater***
Alter:		
Ausbildung:		
Ausgeübter Beruf:		
Wohnen (Gebiet/Gebäude):		
Haustiere:	***Sonstiges:***	
Vegetarisch seit:		
Vegan seit:		
Geschwister:		
Familienstand:		

Vorbereitungsübung 1: Lebenslinie

VORBEREITUNGSÜBUNG 1

Die Lebenslinie

Bitte nimm Dir das DIN-A4-Blatt mit der Lebenslinie (oder ein noch größeres) und trage auf den Zeitstrahl einige für Dich wichtige Altersabschnitte auf.

Nimm Dir genug Zeit und versuche, Dich an Deine Essgeschichte zu erinnern.

Wie war es für Dich als kleiner Junge zu Hause bei Deinen Eltern, bei Deinen Großeltern? Welche Lebensmittel und Gerichte wurden gereicht?
Erinnere Dich weiter: Was geschah in der Pubertät? Änderte sich das Essverhalten? Was geschah im Studium / in der Ausbildung? Auf Reisen? Welche Ereignisse haben bis heute eine Wirkung auf Dich?

Erinnere Dich:

1. Was waren meine Lieblingsspeisen in den verschiedenen Lebensabschnitten und -phasen oder die ungeliebten Nahrungsmittel?

2. Wie habe ich gegessen, in welchen sozialen Kontexten und wie habe ich das erlebt? Was gehörte alles zum Essen dazu und wie hat sich das verändert (Einkauf, Großfamilie, Garten, Selbstbild, Medien)?

3. War Essen und sich Ernähren immer gleich wichtig in meinem Leben? Welche Personen und gesellschaftlichen Ereignisse haben mein Essen wesentlich mitgeprägt?

4. Welche wesentlichen Wendepunkte, Ereignisse, Erlebnisse, Erkrankungen gibt es in meiner Essgeschichte? Fallen diese mit gesamtbiografischen Umbrüchen (wie dem Auszug aus dem Elternhaus) zusammen?

Nutze beim Eintragen der Ereignisse auf der Lebenszeitachse die vertikale Achse, um Deine Gefühle der jeweiligen Phase zu bestimmen.
Gerne kannst Du auch mit unterschiedlichen Farben, Stiften und Symbolen arbeiten.

Abschließend:
Gibt es Besonderheiten oder Auffälligkeiten in der Essgeschichte?
Hast Du etwas bemerkt, das fast schon vergessen war?

Bring bitte Deine Lebenslinie zum Interviewtermin mit!
Alle Deine Angaben werden vertraulich behandelt!

Übungsblatt: Lebenslinie

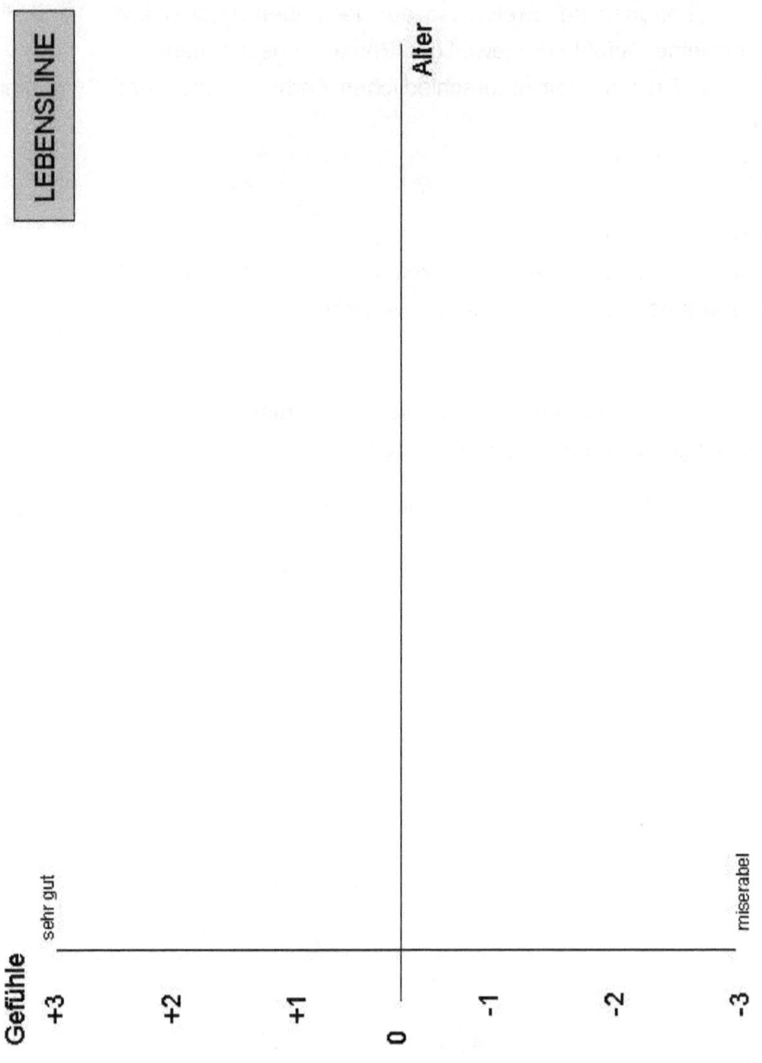

VORBEREITUNGSÜBUNG 2

Weltanschauungen in der Familie

„*Diese Übung hat zum Ziel, (...)Glaubenssätzen auf die Spur zu kommen, herauszufinden, wer sie uns vermittelt hat und wo sie heute noch unser Verhalten bestimmen.*" (Gudjons/Wagener-Gudjons/Pieper 2008: 169)

Bitte ergänze diese Sätze und nimm sie zum Interviewtermin mit.

Satzanfänge vervollständigen: Welche Person fällt mir dazu ein? Wie fühle ich mich, wenn ich diesen Satz höre?

- Politik ist...
- Wenn ich etwas nicht kann...
- Gebildet ist jemand, der...
- Man muss Achtung haben vor Menschen, die...
- Wer etwas leistet, der...
- Geld und Besitz sind...
- Als religiöser Mensch...

- Die da oben...
- Ethik ist...
- Kritik von anderen...
- Das Wichtigste im Leben ist...
- Seinen Eltern gegenüber sollte man...
- Es hat mir auch nicht geschadet, dass...
- Jungen sollten...
- Mädchen sollten...
- Fremden gegenüber sollte man...
- Vorgesetzten gegenüber muss man...
- Lebensmittel sind...
- Was auf dem Teller liegt...
- Ich genieße...

Lebenslinie 1: Thorsten

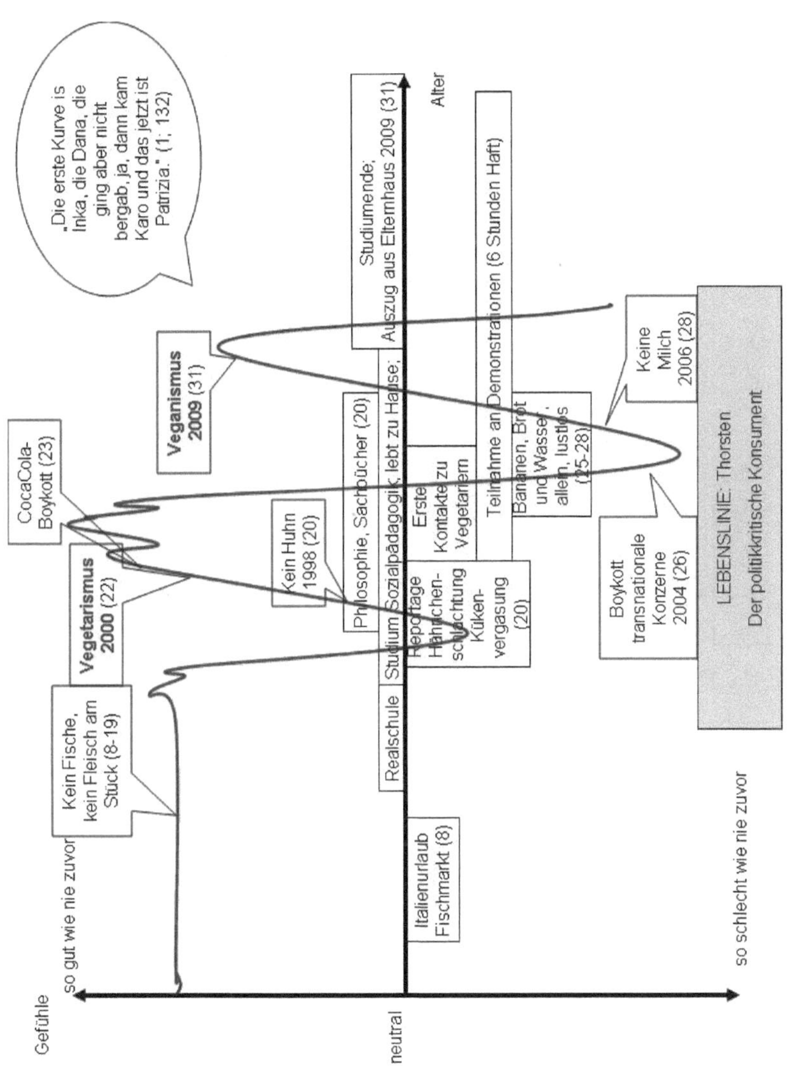

Lebenslinie 2: Nicolas

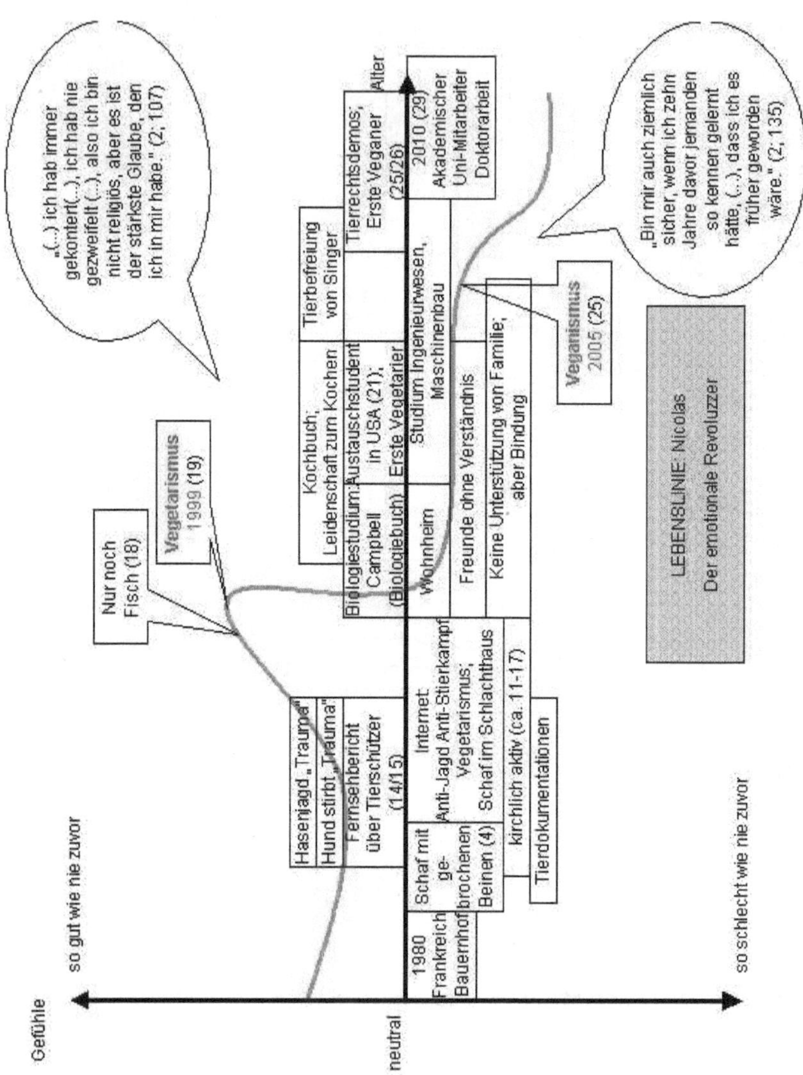

Lebenslinie 3: Herbert

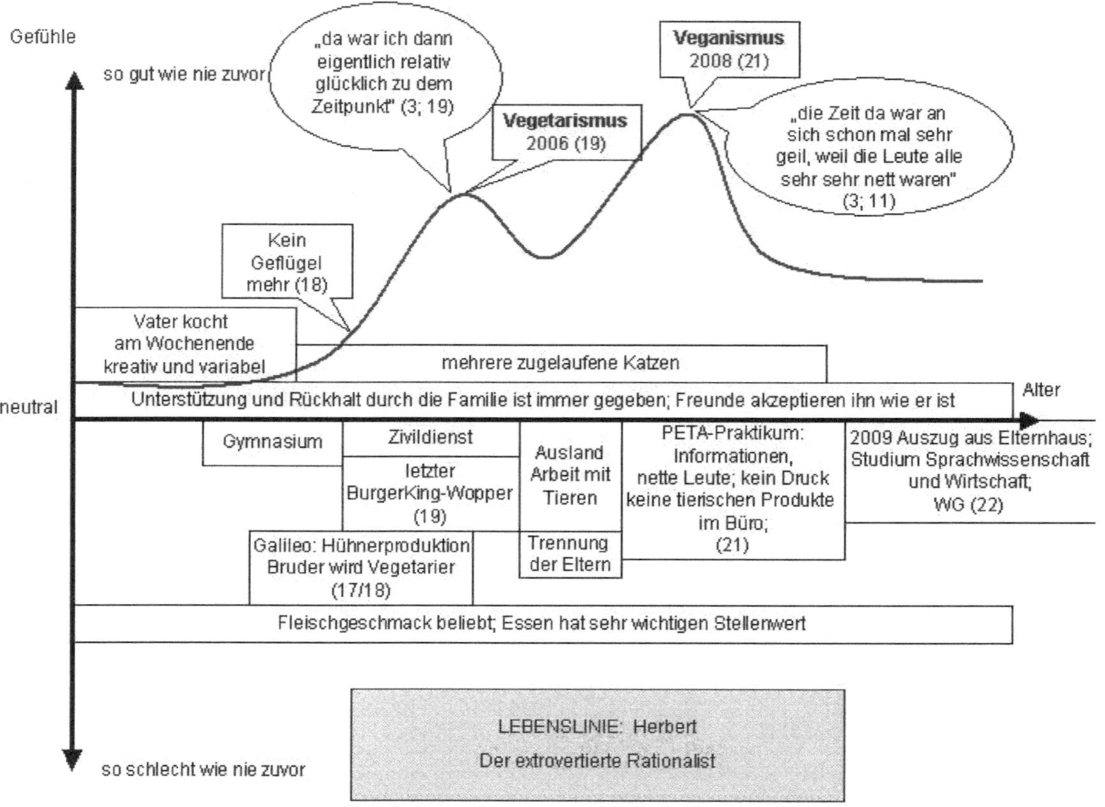

Lebenslinie 4: Daniel

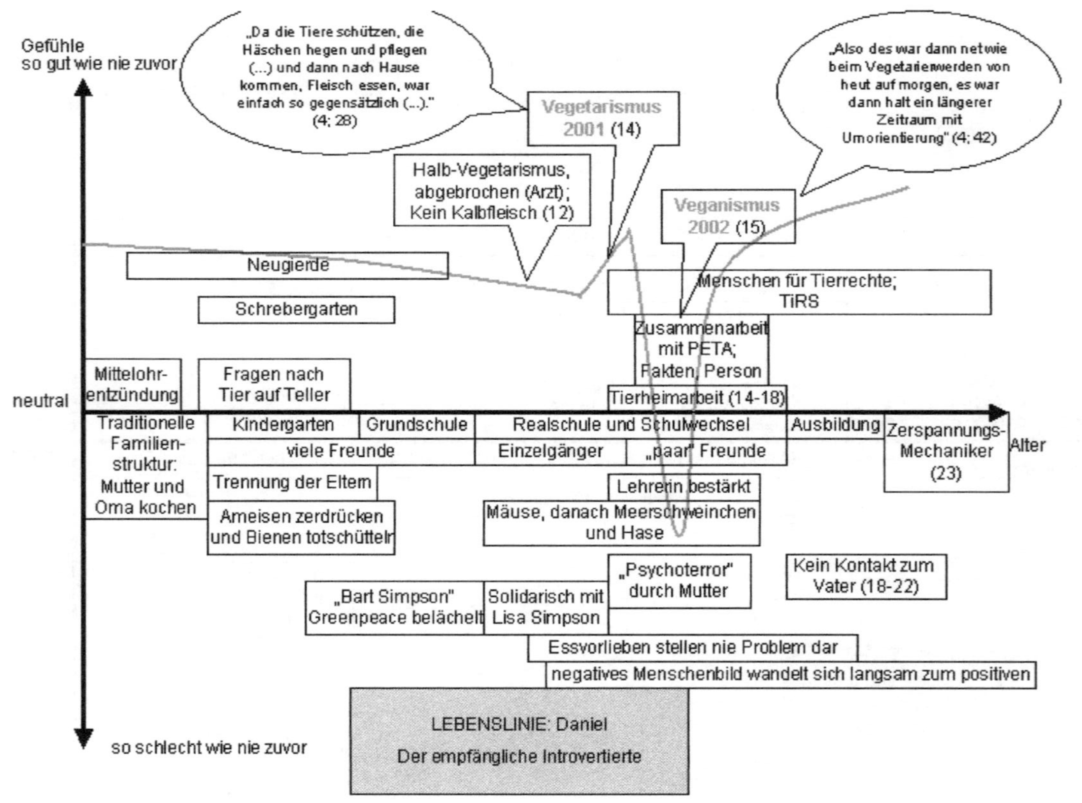

Hypothesenkategorien, -codes und deren Erklärung

Die Zuordnung der Punkte für eine bessere Vergleichbarkeit der Hypothesen und Studienteilnehmer erfolgt nach folgenden Kriterien in einer Fünf-Stufen-Skala:

Codierungswerte

4: stark ausgeprägt
Merkmal sehr häufig in den Aussagen zu finden;
Wahrnehmung der Person durch die Interviewerin;
Qualität der Aussagen sprechen offensichtlich für das Merkmal

3: ja
Merkmal wird häufig erwähnt und in der Interaktion wahrgenommen, teilweise aber auch durch gegenteilige Merkmale relativiert

2: vorhanden
Merkmale qualitativ oder quantitativ angesprochen;
auch einige relativierende Merkmale

1: weniger
wenige relevante Merkmale treffen zu

0: eher schwach
wenige relevante Merkmale treffen zu;
nachteilige Faktoren fallen auf

1. RESSOURCEN

Mit Ressourcen sind langfristig wirksame und in einem noch andauernden Prozess erworbene Rahmenbedingungen, biografische Krisen oder Umbrüche im Leben gemeint, die in ihrem Erleben nicht mehr veränderbar sind. Die biografische Grundlage bildet die Basis. Ressourcen bewegen sich jedoch dynamisch im jeweiligen sozialen Raum und sind erweiterbar.

Biografische Krise und Erlebnisse: Sie weisen auf die in früheren Zeiten erlebten Situationen mit Tieren, Nahrungsmitteln oder Personen – vor dem jeweiligen kulturellen Hintergrund – hin, die in Erinnerung geblieben sind und heute noch als wichtige Entscheidungsgrundlage betrachtet werden. Eventuell sind sie Auslöser oder Denkanstoß für das Überdenken der bisherigen Weltanschauung und führen dazu, dass gewohnte Strukturen bewusst geändert werden. Dabei kann auch ein besonderer Bezug zu Tieren oder zu Essen aufgebaut worden sein, der die Entschlusskraft stärkt.

Kohärenz und Erkenntnisse: Mit Hilfe von Personen, Erlebnissen, Medien oder eigenem Nachdenken wird die bisherige Weltanschauung neu überdacht und hinterfragt. Die alltäglichen Situationen und Gewohnheiten werden in Zusammenhänge mit neuen Erkenntnissen gebracht. Fakten und Emotionen werden verbunden, Verknüpfungen finden statt und Prozessabläufe werden in eine direkte Beziehung zum eigenen Handeln gesetzt. Auswirkungen auf die Umwelt, das Umfeld oder die eigene Rolle, die man im System hat, werden klar.
Für die jeweilige Person weist ihr erfahrungsgesättigter und biografisch geprägter Gedankengang einen logischen Zusammenhang auf, ist klar nachvollziehbar und dient dazu, die Lebenszusammenhänge besser zu verstehen. Daraus resultiert zugleich das Gefühl, das eigene Leben selbst gestalten zu können, und das Leben gibt einen Sinn.

Resilienz oder Problembewältigungsfähigkeit: Hierbei zeigen sich *„Handlungs- und Orientierungsmuster, die Individuen in der Konfrontation mit und zu der Bewältigung von widrigen Lebensumständen herausbilden. Diese Muster konstituieren den Kern autonomer Lebenspraxis“* und der Prozess dauert lebenslang an (Hildenbrand 2006: 205). Resilienz ist als Prozess zu verstehen, der dazu führt, dass mehr Eigenverantwortung für das Leben übernommen werden kann, nachdem Krisensituationen erfolgreich gemeistert wurden. Resilienz kann sich aus dem biografischen Lebenslauf heraus ergeben oder wird durch die Sozialisation gefördert. Hierbei erweisen sich Eigenschaften wie hohe emotionale Stabilität, große Extraversion, Offenheit oder Gewissenhaftigkeit als förderlich.

Positiv besetzte Umbrüche oder Wendepunkte: Entscheidungen im Leben, die Veränderungen hervorbrachten, haben sich positiv ausgewirkt oder wurden gut durch Familie, Freunde oder die Gesellschaft angenommen. Hier spielt vor allem die langsame Zuwendung zu einer fleischlosen Ernährung und deren Akzeptanz eine wesentliche Rolle.

Vegetarismus als Testlauf: Die Umstellung der Ernährung in mehreren Schritten, der schleichende Prozess, dient als Testphase beziehungsweise als Versuch der Eingliederung einer neuen Situation in den Alltag und verändert die Stellung in der Gesellschaft. Die Verträglichkeit mit bestehenden Strukturen sowie die Verfügbarkeit von Alternativen oder auch eigene Persönlichkeitsmerkmale wie Willensstärke und Durchsetzungsfähigkeit werden ausgetestet. Eine langsame Annäherung an den Veganismus scheint stabilere Verhaltensweisen zu ermöglichen.

Rahmenbedingungen

Erlebter gesellschaftlicher Wandel: Die in der westlichen Kultur vorherrschenden Einstellungen und Überzeugungen in Politik, Kultur und Religion prägen und regen zu Denkanstößen an. Der Wandel im historischen Zeitverlauf sowie die Änderungen in unterschiedlichen Lebensphasen und -umständen werden wahrgenommen. Für eine Person ergeben sich neue Möglichkeiten und Handlungsoptionen, vielfältige Angebote sind verfügbar, und durch die Zugänge zu Forschung und Aufklärung erweitert sich das Weltverständnis. Ausgehend von dem im theoretischen Teil der Arbeit vorgestellten Wertepluralismus und der fehlenden Identitätszuweisung werden die biografisch erfahrenen Strukturen von Politik und Religion sowie der Stellenwert des Einzelnen in der Gesellschaft Auswirkungen auf das aktuelle Handeln der Teilnehmer haben.

Gefestigte soziale Beziehungen: Familie, Freunde oder andere wichtige Bezugspersonen begleiten die Person dauerhaft in ihrem Leben. Höhen und Tiefen werden miteinander erlebt und durchlebt. Trotz Kritik und erbitterter Auseinandersetzungen können langfristige, tiefe emotionale Bindungen nicht gelöst werden, wodurch sich die Schwierigkeiten der Nonkonformität in Grenzen halten. Im besten Fall führt der Rückhalt oder die Unterstützung über soziale Beziehungen sogar zu einer Motivation für den Veganer, beispielsweise in Form einer Würdigung und Anerkennung seiner Ernährungsweise.

(Ernährungs-)Kompetenz, (Ernährungs-)Wissen: Die Kenntnis über Nahrungsmittel, über die Abläufe bei der Produktion und Herstellung sowie über die Verarbeitung und das Wissen von der Wirkung auf Umwelt und Gesundheit sind vorhanden. Sie können auch im Alltag selbstständig und dauerhaft umgesetzt werden (kochen, einkaufen, sich rechtfertigen für ein Verhalten). Das Wissen um die Macht von Nahrungsmitteln und der kompetente Einsatz des eigenen Konsums kommen in einer veganen Ernährungsweise zum Ausdruck.
„Da ich aus einer Familie komme, wo Hausschlachtung betrieben wird, war ich mit dieser ganzen Fleischproduktion vertraut und hatte jedes Jahr aufs Neue Probleme damit,...“ (Veganer, 29 Jahre) (Grube 2009b: 13). Ein anderer Veganer berichtet, er war auf einer Fachschule für Ernährung und Hauswirtschaft, wo es Kochunterricht gab (Grube 2009b: 42).

Sozioökonomie und Sozialisation: Der Lebenshintergrund und die Sozialisation in der Herkunftsfamilie und -kultur ermöglichen oder erleichtern einen Lebenslauf, der auf mehreren Ebenen (Wissen, Handeln, Unterstützung) förderlich für eine vegane Lebensweise ist. Die Lebensumstände, die Erziehung sowie die geschmackliche Prägung durch Land, Kultur und soziales Umfeld bestimmen als gesellschaftliche Prozesse auch das wirtschaftliche Verhalten. Die Sozioökonomie umfasst weiterhin die formale Bildung, den Schulabschluss oder Studium und Beruf, sowie das daraus resultierende Einkommen und die finanziellen Mittel. All das wirkt sich auf den Besitz von Kulturgütern aus oder bestimmt die kulturelle Praxis mit. Förderlich ist außerdem eine infrastrukturell gut ausgestattete Wohnsituation.

Alltagstauglichkeit: Die Umstände, die sich durch Familie, Freunde, die Infrastruktur und die erzeugten Reaktionen ergeben, lassen vorteilhafte Handlungsoptionen entstehen und fügen sich gut in den Alltag ein. Die aktuelle Lebenssituation wird als angenehm und handhabbar empfunden.

Stellenwert von Nahrungsmitteln: Die gewählten Nahrungsmittel können geschmacklich und auch psychisch Freude durch den Verzehr auslösen. Für eine vegane Ernährungsweise ist es von Vorteil, wenn Vorlieben für pflanzliche Lebensmittel beziehungsweise Abneigungen gegen tierische Lebensmittel vorhanden sind. Es ist davon auszugehen, dass die Nahrung nicht die höchste Priorität im Leben von Veganern besitzt und von anderen Orientierungen und Werthaltungen dominiert wird.

2. EIGENSCHAFTEN

Die Eigenschaften eines Menschen werden schon durch die passive Sozialisation mitbestimmt, liegen aber auch im Wesen eines Menschen begründet. Sie können im Laufe der Zeit überdauern, sich stärker herausbilden oder sich wandeln. Sie bilden eine Basis für Orientierungen, Handlungsabsichten und besitzen Wechselwirkungen zu Ressourcen und Lebenslagen.

Persönlichkeit und Charakter

Offenheit für Erfahrungen, Neugierde, Interesse: Die Person bevorzugt Abwechslung, erprobt auch neue, unkonventionelle Handlungsweisen oder zeigt großes Interesse an persönlichen und öffentlichen Vorgängen. Positive wie auch negative Gefühle werden stärker wahrgenommen und bestehende Normen werden kritisch hinterfragt. Neuartige soziale, ethische oder politische Wertvorstellungen werden leichter angenommen und Eigenschaften wie Wissbegierigkeit, Intellektualität, Experimentierfreudigkeit, Vorurteilslosigkeit oder Fantasie sind ausgeprägt.

Nonkonformität: Die Persönlichkeit und die Weltvorstellungen stimmen nicht mit allgemein gültigen Ansichten überein, passen sich nicht an. Gegenüber anderen Personen sind nonkonforme Menschen weniger wohlwollend, verständnisvoll, kooperativ oder nachgiebig, sondern sie verhalten sich eher unangepasst, antagonistisch, misstrauisch oder kompetitiv. Diese Eigenschaften führen allerdings auch dazu, dass man den Problemen auf den Grund geht und eventuell Änderungen herbeiführt.
Alan J. P. Taylor: *„Jeder Fortschritt und jeder Wandel in der Geschichte kommt von Nonkonformisten. Wenn wir keine Dissidenten hätten, lebten wir noch in Höhlen."*

Emotionale Stabilität: Diese Eigenschaft beschreibt Zufriedenheit, Ich-Stärke, eine ruhige, entspannte, sichere und stabile Gefühlslage und ist so zu verstehen, dass die Person in Balance mit sich selbst und ihren Gefühlen ist.

Gewissenhaftigkeit: Adjektive wie genau, sorgfältig, akkurat, ordentlich, sorgsam, verantwortlich, überlegt, organisiert, effektiv oder zuverlässig präzisieren diese Eigenschaft.

Einfühlungsvermögen: Es ist eine starke Sensibilität für Mensch, Tier und Umwelt vorhanden sowie die ausgeprägte Fähigkeit, Mitleid zu empfinden. Es geht in manchen Fällen so weit, dass auch das Leid anderer als eigenes Leiden empfunden wird.

Extraversion: Ausdrücke wie begeisterungsfähig, gesellig, herzlich, aktiv, optimistisch, heiter und empfänglich für äußere Anregungen präzisieren diese Eigenschaft.

Selbstbewusstsein: Ein Mensch verortet sich selbst sicher als Person mit eigenständigen Gedanken und Handlungen in der Gesellschaft und kann dies auch vor der Umwelt und Gesellschaft deutlich und beständig zum Ausdruck bringen.

Eigenmotivation: Unabhängig von anderen Menschen und den Rahmenbedingungen ist man stets von Neuem in der Lage, seine Gedanken und Werte in die Tat umzusetzen. Selbst widrige oder schwierige Umstände halten nicht davon ab.

Starke intrinsische Motivation: Aus der eigenen Persönlichkeit heraus ergibt sich das Verlangen, nach den individuellen Werthaltungen zu handeln. Das Wesen der jeweiligen Person bestimmt das Handeln, und damit wird versucht, mit sich selbst ins Reine zu kommen.

Selbstständiger Wissenserwerb: Das Hintergrundwissen wird eigenständig erarbeitet, beabsichtigt gesucht, gelesen und angenommen.

Reflexionsprozesse: Es finden und fanden vertiefende Gedankengänge statt und die Person zeichnet sich durch eine große Nachdenklichkeit aus.

3. LEBENSLAGE

Die aktuelle Situation, in der man sich befindet, ist kurzfristig nicht zu ändern. Sie bildet eine statische Momentaufnahme des derzeit erlebten Alltags und des in diesem Abschnitt vorherrschenden Weltbildes. Sie kennzeichnet die spezifische Zielgruppe und in ihr kommen immer auch bereits vorhandene Ressourcen und Eigenschaften zum Ausdruck.
Die Eigenschaften bauen gerade in den ersten Lebensphasen aufeinander auf. Die Grundstärken, die in den biografischen Lebensphasen ausgebildet werden, sind zeitlich noch durch einen unmittelbaren Einfluss früherer Lebensphasen wie der Adoleszenz gekennzeichnet (Mück 2005 nach dem Modell von Erik H. Erikson). Das betrifft insbesondere die Anfänge des Vegetarismus und Veganismus.

Männlichkeit: Folgende Eigenschaften werden damit in Verbindung gebracht und als förderlich für die Ausformung einer veganen Ernährungsweise angesehen:

Liberalität und Fortschrittlichkeit: Freiheitlichkeit; Vorurteilslosigkeit; Fortschrittlichkeit im Denken und Handeln

Kompromisslosigkeit: kein anderes Handeln kommt für sich selbst in Frage; es gibt keine Ausnahmen und Abweichungen von der Regel; man gesteht sich keine Zugeständnisse zu

Rationalität: Vernünftigkeit; rationales Denken führt zur Erkenntnis

Jugend und frühes Erwachsenenalter: Folgende Eigenschaften werden damit in Verbindung gebracht und als förderlich für die Ausformung einer veganen Ernährungsweise angesehen:
Jüngere Veganer berichten, dass sie *„Austauschprodukte und auch sehr viele neue Lebensmittel kennengelernt“* haben, aber auch, dass sie *„nicht mehr so oft mit anderen Leuten essen“* gehen (Grube 2009b: 17) und teilweise, dass sie mit den Nicht-Veganern *„eigentlich nichts zu tun“* haben (Grube 2009b: 42). Mit zunehmendem Alter scheinen die Kompromissbereitschaft und die

gesellschaftliche Anpassung wieder zuzunehmen. Bei Follow-Up-Interviews mit Veganern berichten einige *„außerhalb des Hauses auch mal vegetarisch"* zu essen, um somit *„Konfrontationen aus dem Weg"* zu gehen (Grube 2009: 19). Außerdem finden sich im Freundeskreis auch wieder zunehmend Nicht-Veganer, da es *„für mich nicht mehr zum Kriterium eines menschlichen Umgangs gehört, ob sich jemand dafür oder dagegen entscheidet"*, wie ein Veganer (inzwischen 30 Jahre alt) es ausdrückt (Grube 2009b: 46).
Im Alter von 35 Jahren berichtet ein ehemaliger Veganer, nun wieder vegetarisch zu leben, da der Genuss, der größere Austausch mit anderen sowie mehr Toleranz für ebenso wichtige Dinge im Leben erklärt werden (Grube 2009b: 76).

Idealismus: das selbstlose Streben nach der Verwirklichung der Ideale, auch die Neigung, die Wirklichkeit nicht so zu sehen, wie sie ist, sondern wie sie sein sollte; Begeisterung; Inbrunst; Enthusiasmus; Leidenschaft; Überschwang; Hingabe

Engagement: der selbstlose Einsatz für eine gute Sache, auch unter Inkaufnahme von eigenen Unkosten, Zeitaufwendungen und Widerständen

Konsequenz: eine beharrliche, zielstrebige, von Entschlusskraft zeugende Haltung; eine Handlungsweise, die Ausdauer, unbeirrte Beharrlichkeit aufweist; Die sich ergebende Haltung ergibt sich nach einem für die jeweilige Person logischen Denkprozess, dem ein bestimmtes Handeln zwingend folgen muss.

Ehrgeiz: ein stark ausgeprägtes Streben nach Erfolg, Geltung, Anerkennung, voller Ambition und Eifer

Physisch und psychisch belastbar: Der Gesundheitszustand und das geistige Wohlergehen lassen eine Handlungsweise zu, ohne sich in der jeweiligen Lebenslage direkt negativ auszuwirken.

Durchhaltevermögen: nicht aufgeben; nicht nachgeben; bestehen; überstehen

Trotz: hartnäckiger, eigensinniger Widerstand gegen eine Autorität aus dem Gefühl heraus, im Recht zu sein; Eigensinn, Sturheit und Widerspenstigkeit, oft aus ungerechtfertigten Gründen

Innovationsdrang: das Streben nach Erneuerung traditioneller und überlieferter Strukturen, Einstellungen oder Handlungsgewohnheiten

Unabhängigkeit: Die Person ist nicht angewiesen auf Personen, Geld oder Institutionen, sondern entscheidet selbstständig, souverän, frei und losgelöst von zwanghaften Bindungen über ihr Handeln.

Hypothesenauswertung

Hypothesenkategorien und Codierung	Thorsten	Nicolas	Herbert	Daniel	Summe A	% vom Kategorienmaximum
RESSOURCEN					10,72333333	67,02083333
Biografische Krise (12 *4 = 48)	11	11	3	11	36	
Biografische Krise oder Erlebnisse	4	4	1	3	12	
Kohärenz und Erkenntnisse	4	4	2	4	14	
Resilienz	3	3	0	4	10	
Durchschnitt	3,67	3,67	1	3,67	12	
%	91,75	91,75	25	91,75		75,00%
Umbrüche (8*4 = 32)	8	4	8	2	22	
positve Resonanz auf Umbrüche und Wendepunkte	4	0	4	0	8	
Testlauf Vegetarismus	4	4	4	2	14	
Durchschnitt	4	2	4	1	11	
%	100	50	100	25		68,75
Rahmenbedingungen (24*4 = 96)	20	11	17	7	55	
erlebter gesellschaftlicher Wandel	2	0	3	0	5	
gefestigte soziale Strukturen	4	2	4	1	11	
(Ernährungs-) Wissen, Ernährungskompetenzen	3	3	3	2	11	
Sozioökonomie und Sozialisation	3	2	3	2	13	
Alltagstauglichkeit	4	1	4	0	9	
Stellenwert von Nahrungsmitteln	4	3	0	2	9	
Durchschnitt	3,33	1,83	2,83	1,17	9,17	
%	83,25	45,75	70,75	29,25		57,3125
EIGENSCHAFTEN						73,875
Persönlichkeit und Charakter (44*4 = 176)	36	37	31	26	130	
Offenheit für Erfahrungen, Neugierde, Interesse	4	4	4	4	16	
Nonkonformität	2	2	0	3	7	
Emotionale Stabilität	2	2	4	1	13	
Gewissenhaftigkeit	4	4	4	2	14	
Extraversion	2	2	4	0	8	
Einfühlungsvermögen	4	4	2	3	13	
Selbstbewusstsein	3	4	4	1	12	
Eigenmotivation	3	4	3	4	14	
starke intrinsische Motivation	4	4	2	3	13	
selbstständiger Wissenserwerb	4	4	2	2	12	
Reflexionsprozesse	4	3	2	3	12	
Durchschnitt	3,27	3,36	2,82	2,36	11,82	
%	81,75	84	70,5	59		73,875
LEBENSLAGE						78,125
Männlichkeit, frühes Erwachsenenalter (48*4 = 192)	43	44	30	33	150	
liberal und fortschrittlich	4	3	3	3	13	
Kompromisslosigkeit	3	4	3	2	12	
Rationalität	4	3	4	2	13	
Idealismus	3	4	2	2	11	
Engagement	4	4	2	4	14	
Konsequenz	4	4	4	3	15	
Ehrgeiz	3	4	2	2	11	
Physisch und psychisch belastbar	2	3	3	1	9	
Durchhaltevermögen	4	4	3	4	15	
Trotz	4	3	0	3	10	
Innovationsdrang	4	4	0	3	11	
Unabhängigkeit	4	4	4	4	16	
Durchschnitt	3,58	3,67	2,5	2,75	12,5	
%	89,5	91,75	62,5	68,75		78,125
Summe B (136*4 = 544)	118	107	89	79	393	72,24

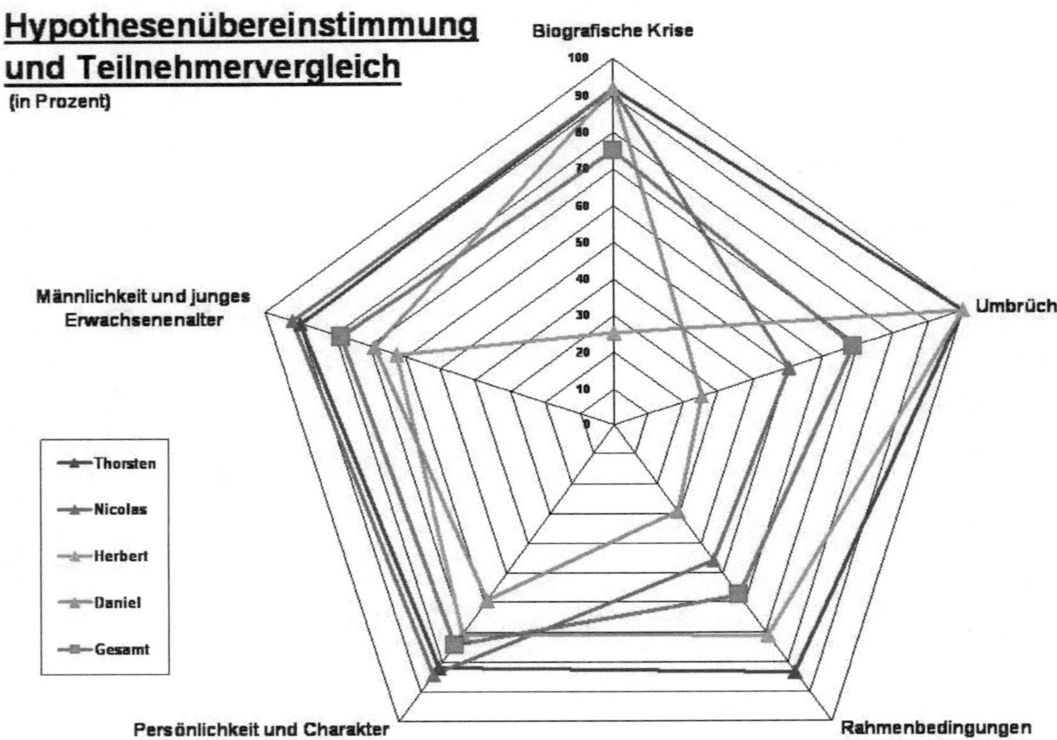
Hypothesenübereinstimmung
und Teilnehmervergleich
(in Prozent)
Biografische Krise
Umbrüche
Rahmenbedingungen
Persönlichkeit und Charakter
Männlichkeit und junges Erwachsenenalter
100
90
80
70
60
50
40
30
20
10
0
Thorsten
Nicolas
Herbert
Daniel
Gesamt

Iris Berger

Vitamin-B12-Mangel bei veganer Ernährung

Mythen und Realitäten, aufgezeigt anhand einer empirischen Studie

ISBN 978-3-8382-0037-8
154 Seiten, Paperback. € 22,00

Vitamin B12 hat nicht zuletzt durch den Veganismus an Bekanntheit gewonnen: Der Zusammenhang zwischen Vitamin-B12-Mangel und veganer Ernährung ist zu einer Art Allgemeinwissen geworden. Fast ebenso bekannt sind die zahlreichen veganen ‚Vitamin-B12-Quellen' wie Algen, fermentierte Produkte, Sprossen, Kräuter oder Pilze sowie diverse andere Methoden, durch die VeganerInnen angeblich ihren Vitamin-B12-Bedarf decken können.

Iris Berger unterzieht gängige Mythen über die Vitamin-B12- Versorgung bei veganer Ernährung einer Realitätsprüfung und untersucht, welche Möglichkeiten der Bedarfsdeckung existieren und welche als überholt, unsicher bzw. nichtexistent verworfen werden müssen. Berger bemüht sich um eine Klärung der teilweise undurchsichtigen und verworrenen Informationen rund um Vitamin B12, die sowohl von pro-veganer Seite als auch durch ernährungswissenschaftliche Institutionen verbreitet werden und so die Sicherstellung einer adäquaten Vitamin-B12-Zufuhr erschweren.

„Das Buch macht deutlich, welche Informationslücken über die Vitamin-B12-Problematik bestehen. Es ist somit jedem Veganer wärmstens zu empfehlen, um sich nicht den unnötigen Risiken eines Mangels auszusetzen. Für Ernährungsberater, die Veganer informieren wollen, können die Ausführungen einer Insiderin wertvoll sein, um neben dem ernährungswissenschaftlichen Wissen Verständnis für die Sichtweise von Veganern aufzuweisen."

Ernährung im Fokus, 05/2010

***ibidem*-Verlag**
Melchiorstr. 15
D-70439 Stuttgart
info@ibidem-verlag.de

www.ibidem-verlag.de
www.ibidem.eu
www.edition-noema.de
www.autorenbetreuung.de

Zeitfracht Medien GmbH
Ferdinand-Jühlke-Straße 7
99095 Erfurt, Deutschland
produktsicherheit@kolibri360.de